# [JOHANNES]

## Der Liebesbrief Gottes an Dich

Das Evangelium nach Johannes
nach der zeitgemäßen Bibelübersetzung
„Hoffnung für alle"

IBS

Internationale Bibelgesellschaft Deutschland

IBS Deutschland e.V.
Hauptstraße 20 • 73655 Plüderhausen
Tel. 07181-255149 • www.IBSdirekt.de

Mit dem Text der zeitgemäßen Bibelübersetzung
„Hoffnung für alle“
Bilder aus „Visual Bible“


Textzusammenstellung und begleitende Texte
Peter J. Ischka

Cover-Design: PJI Kreativ-Agentur, Adelberg
Cover-Foto: Aaron Kohl, www.fotolia.com

2. Auflage 06/2008
Druck und Bindung: CPI – Ebner & Spiegel, Ulm

ISBN 978-3-937103-57-0

# Am Anfang war das Wort

Da sprach Gott: „Licht soll entstehen!“, und es wurde hell. 1Mo 1,3

Glauben Sie an Gott?

Die ersten Verse dieses Buches teilen uns mit: Am Anfang war das ewige Wort Gottes – es ist gleichzusetzen mit Christus. Das Wort, Christus, war immer bei Gott und ihm in allem gleich. Durch ihn wurde alles geschaffen. Nichts ist ohne ihn geworden. Von ihm kommt alles Leben und sein Leben ist das Licht für alle Menschen.

Es ist nicht leicht, sich eine Vorstellung von Gott zu machen. Zu schnell schließen wir von uns auf ihn. Aber Gott ist um so vieles größer, dass wir mit all unseren Erklärungsversuchen und Philosophien scheitern müssen.

Die einzige Möglichkeit, etwas über ihn zu erfahren, ist, das ernst zu nehmen, was uns Gott über sich selbst mitteilt.

Gott hat sich dem Apostel Johannes eindrucksvoll offenbart. Er war einige Jahre mit Jesus Christus unterwegs. So hat er das Einzigartige selbst erlebt: Gott wurde Mensch.

Johannes hat auf prophetische Weise erkannt: Am Anfang war das Wort.

Dabei geht es nicht um Worte der Qualität, die wir gedankenlos vor uns tagein tagaus so dahinsagen. Dieses Wort meint die höchste Konzentration intelligenter Information. Man kann das mit einer befruchteten menschlichen Eizelle vergleichen. Die gesamte Information eines Menschen befindet sich bereits in dem nur mit Elektronenmikroskop erkennbaren Gebilde. In der DNA ist schon festgelegt, welche Hautfarbe, welche Gesichtsform, welches Temperament und welche anderen Attribute enthalten sind, die eine menschliche Persönlichkeit ausmachen.

Das Wort, von dem hier die Rede ist, könnte man als die DNA für das ganze Universum bezeichnen. Darin steckt alles, was irgendeinmal in unserem dreidimensionalen Verständnis sichtbar wird.

Gott sprach und es wurde …

Solche Dimensionen sind unserer Vorstellung immer noch zu fern. Gott spricht mit diesem Wort sehr gezielt Sie an. Sie sind in seinem unermesslich großen, detaillierten Plan ganz konkret enthalten. Er spricht zu Ihnen – wenn Sie wollen, können Sie darauf reagieren.

Dieses Buch hat es in sich: Es kann zu dem Impuls werden, der Sie mit dem Gott des Universums direkt in Verbindung bringt. Jesus Christus hat sich als Tür bezeichnet. Türen haben die Aufgabe, einen Durchgang zu schaffen. Durch Jesus kommen Sie dorthin, wo Gott ist.

Gott wird zu Ihnen sprechen. Dieses Buch ist wie ein Liebesbrief an Sie. Das Wort Gottes hat unvorstellbare Kraft, es wird Leben bewirken, das Sie vorher noch nicht gekannt haben.

Ich wünsche Ihnen gute Erfahrungen mit der Kraft dieses Wortes.

*Peter J. Ischka*

# Einleitung zum Johannesevangelium

Der Verfasser dieses Evangeliums war erst Fischer am See Genezareth, dann schloss er sich dem Täufer Johannes an, wurde bald von Jesus zum Apostel berufen und gehörte mit seinen Brüdern Jakobus und Simon Petrus zum inneren Kreis der zwölf engsten Jünger: Es ist Johannes, der Sohn von Zebedäus, der Lieblingsjünger. Niemand weiß genau, wo Johannes das Evangelium geschrieben hat. Vielleicht war es in den neunziger Jahren des ersten Jahrhunderts in der kleinasiatischen Stadt Ephesus, in der er alten Quellen zufolge gegen Ende seines langen Lebens Gemeindeleiter war. Möglicherweise schrieb er es schon vierzig Jahre früher, bevor Johannes wegen seines Glaubens auf die Sträflingsinsel Patmos verbannt wurde.

Johannes wählt für seine Darstellung des Lebens Jesu einen ganz anderen Zugang als die übrigen Evangelisten Matthäus, Markus und Lukas. Während die anderen drei vor allem Bericht erstatten über das Leben Jesu, erklärt Johannes viel ausführlicher, wie das zu verstehen ist, was Jesus getan hat, und wer er war. Mit seinem Bericht aus erster Hand ergänzt er die drei anderen Evangelien ganz hervorragend. Johannes stellt gleich zu Anfang heraus, dass Jesus der Sohn Gottes ist und schon lange, bevor er Mensch wurde, bei Gott war. Dann wurde er ganz Mensch, ein Geschenk von Gott an uns, damit wir erkennen können, wer Gott ist.

Im Johannesevangelium sind einige der Reden Jesu festgehalten, in denen er selbst erklärt, wer er ist. Jesus bedient sich dabei bildhafter Darstellungen, damit jeder verstehen kann, was gemeint ist. So vergleicht er sich mit Brot, das wirklich satt macht, mit Licht, an dem man sich in der Dunkelheit orientieren kann, oder mit einem guten Hirten, der sich sogar mit seinem eigenen Leben für seine Schafe einsetzt. Sieben solcher Vergleiche sind in diesem Evangelium zu finden (6,35; 8,12; 10,7.11; 11,25; 14,6; 15,5). Damit macht Jesus ganz deutlich, dass er nicht nur ganz Mensch ist, sondern auch ganz Gott.

Um diese wichtigen und tiefgründigen Informationen möglichst allgemein verständlich zu vermitteln, bedient sich Johannes einer einfachen Erzählweise. Wie ein Adler über seiner Beute kreist, bevor er zustößt, so schildert Johannes in seinem ganz eigenen Stil auch schwierige Sachverhalte mit einfachen Worten, indem er das Problem von mehreren Seiten beleuchtet.

Gut, dass Johannes dieses Evangelium geschrieben hat. Denn vieles, von dem er hier berichtet, ist in den anderen nicht zu finden. Johannes hat in der Hoffnung geschrieben, dass die Leser seines Berichtes verstehen lernen und glauben können, wer Jesus wirklich ist: der versprochene Retter und der Sohn Gottes (20,31).

# Johannes berichtet von Jesus

## Jesus Christus – Gottes Wort an die Welt

1 Am Anfang war das Wort.
Das Wort war bei Gott, und das Wort war Gott selbst.
2 Von Anfang an war es bei Gott.
3 Alles wurde durch das Wort geschaffen,
und nichts ist ohne das Wort geworden.
4 Von ihm kam alles Leben, und sein Leben war das Licht für alle
Menschen.
5 Es leuchtet in der Finsternis, doch die Finsternis wehrte sich gegen
das Licht.
6 Gott schickte einen Boten, einen Mann, der Johannes hieß. 7 Er
sollte die Menschen auf das Licht hinweisen, damit alle durch seine
Botschaft an den glauben, der das Licht ist.
8 Johannes selbst war nicht das Licht. Er sollte die Menschen nur auf
das kommende Licht vorbereiten.
9 Der das wahre Licht ist, kam in die Welt, um für alle Menschen das
Licht zu bringen.
10 Doch obwohl er unter ihnen lebte und die Welt durch ihn geschaf-
fen wurde, erkannten ihn die Menschen nicht.
11 Er kam in seine Welt, aber die Menschen nahmen ihn nicht auf.
12 Die ihn aber aufnahmen und an ihn glaubten, denen gab er das
Recht, Kinder Gottes zu werden.
13 Das wurden sie nicht, weil sie zu einem auserwählten Volk gehör-
ten, auch nicht durch menschliche Zeugung und Geburt. Dieses neue
Leben gab ihnen allein Gott.
14 Das Wort wurde Mensch und lebte unter uns. Wir selbst haben
seine göttliche Herrlichkeit gesehen, wie sie Gott nur seinem einzigen
Sohn gibt. In ihm sind Gottes vergebende Liebe und Treue zu uns
gekommen.

[15]Johannes wies immer wieder auf ihn hin. »Diesen habe ich ge-
meint«, rief er, »wenn ich sagte: ›Es wird einer kommen, der viel bedeu-
tender ist als ich. Denn er war schon da, bevor ich geboren wurde!‹«

[16]Aus seinem göttlichen Reichtum hat er uns immer und immer wie-
der mit seiner grenzenlosen Liebe beschenkt.

[17]Durch Mose gab uns Gott das Gesetz mit seinen Forderungen.
Aber durch Jesus Christus schenkte er uns seine vergebende Liebe
und Treue. [18]Kein Mensch hat jemals Gott gesehen. Doch sein einziger
Sohn, der in enger Gemeinschaft mit dem Vater lebt, hat uns gezeigt,
wer Gott ist.

## Johannes weist auf Christus hin

[19]Die führenden Männer der Juden in Jerusalem schickten einige Pries-
ter und Leviten zu Johannes. Sie fragten ihn: »Wer bist du?« [20]Da be-
kannte Johannes und ließ keinen Zweifel offen: »Ich bin nicht Christus,
auf den wir alle warten.« [21]»Wer bist du dann?«, fragten sie weiter. »Bist
du vielleicht Elia?« Johannes verneinte auch das. »Bist du der Prophet,
den Mose uns angekündigt hat?« »Nein!«, entgegnete Johannes.

[22]»Dann sag uns doch, wer du bist. Welche Antwort sollen wir de-
nen geben, die uns hergeschickt haben?« [23]Da sagte Johannes: »Der
Prophet Jesaja hat es schon angekündigt: ›Ich bin die Stimme, die in
der Wüste ruft: Räumt die Hindernisse aus dem Weg, denn der Herr
will kommen!‹«

[24]Unter den Abgesandten waren auch Pharisäer. [25]Sie fragen Johan-
nes nun: »Wenn du nicht Christus, nicht Elia und auch nicht der von
Mose angekündigte Prophet bist, mit welchem Recht taufst du dann?«
[26]Darauf erwiderte Johannes: »Ich taufe mit Wasser. Aber mitten unter
euch lebt schon der, auf den wir warten. Ihr kennt ihn nur noch nicht.
[27]Er kommt nach mir – und ich bin nicht einmal würdig, ihm die Schuhe
auszuziehen.« [28]Dieses Gespräch führten sie in Betanien, einem Dorf
östlich des Jordan, wo Johannes taufte.

## Das Opferlamm Gottes

29 Als Johannes am nächsten Tag bemerkte, dass Jesus zu ihm kam, rief
er: »Seht, das ist Gottes Opferlamm, das die Sünde aller Menschen
wegnimmt. 30 Dieser Mann ist es, von dem ich gesagt habe: ›Es wird
einer kommen, der weit über mir steht. Denn er war schon vor mir da!
31 Auch ich wusste vorher nicht, wer er ist. Aber damit das Volk Israel
auf ihn vorbereitet wird, taufe ich hier mit Wasser.‹«

32 Und Johannes berichtete weiter: »Ich sah den Geist Gottes wie
eine Taube vom Himmel herabkommen und bei ihm bleiben. 33 Wer er
ist, wusste ich vorher noch nicht«, wiederholte Johannes, »aber Gott,
der mir den Auftrag gab, mit Wasser zu taufen, sagte zu mir: ›Du wirst
sehen, wie der Geist auf einen Menschen herabkommt und bei ihm
bleibt. Dann weißt du, dass er es ist, der mit dem Heiligen Geist tauft.‹
34 Und weil ich das gesehen habe, kann ich euch bezeugen: Dieser
Mann ist Gottes Sohn!«

## Die ersten Jünger Jesu

35 Johannes der Täufer und zwei seiner Jünger waren am nächsten Tag
wieder an dieser Stelle, 36 als Jesus vorüberging. Da zeigte Johannes auf
ihn und sagte: »Seht, dies ist Gottes Opferlamm!« 37 Als die beiden Jün-
ger das hörten, folgten sie Jesus. 38 Jesus drehte sich zu ihnen um, sah
sie kommen und fragte: »Was sucht ihr?« Sie antworteten: »Wo wohnst
du, Meister?« 39 »Kommt mit und seht selbst, wo ich wohne!«, sagte
Jesus. Es war ungefähr vier Uhr nachmittags, als sie mit Jesus gingen;
und sie blieben bei ihm bis zum Abend.

40 Einer der beiden, die Jesus auf das Wort des Johannes hin gefolgt
waren, hieß Andreas. Er war der Bruder von Simon Petrus. 41 Wenig
später traf er seinen Bruder Simon und erzählte ihm: »Wir haben den
Messias gefunden, den von Gott versprochenen Retter!« 42 Dann nahm
Andreas seinen Bruder mit zu Jesus. Der sah ihn an und sagte: »Du bist
Simon, der Sohn des Johannes. Du sollst Petrus heißen!«

## Jesus beruft Philippus und überzeugt Nathanael

43Als Jesus am nächsten Tag nach Galiläa gehen wollte, traf er unter-
wegs Philippus. Auch ihn forderte er auf: »Folge mir!« 44Philippus
stammte wie Andreas und Petrus aus Betsaida. 45Kurze Zeit später be-
gegnete Philippus Nathanael und erzählte ihm: »Endlich haben wir den
gefunden, von dem Mose und die Propheten sprechen. Er heißt Jesus
und ist der Sohn von Josef aus Nazareth.« 46»Nazareth?«, entgegnete
Nathanael. »Was kann von da schon Gutes kommen!« Doch Philippus
antwortete ihm: »Du musst ihn selbst kennen lernen. Komm mit!«

47Als Jesus Nathanael erblickte, sagte er: »Hier kommt ein aufrichti-
ger Mensch, ein wahrer Israelit!« 48Nathanael staunte: »Woher kennst
du mich?« Jesus erwiderte: »Noch bevor Philippus dich rief, habe ich
dich unter dem Feigenbaum gesehen.« 49»Meister, du bist wirklich
Gottes Sohn!«, rief Nathanael. »Du bist der König Israels!« 50Jesus sag-
te: »Das glaubst du, weil ich dir gesagt habe, dass ich dich unter dem
Feigenbaum sah. Aber du wirst größere Dinge zu sehen bekommen.«
51Und er fuhr fort: »Ich sage euch die Wahrheit: Ihr werdet den Himmel
offen und die Engel Gottes hinauf- und herabsteigen sehen zwischen
Gott und dem Menschensohn!«

## Jesus auf der Hochzeit in Kana

2 Zwei Tage später wurde in dem Dorf Kana in Galiläa eine Hochzeit
gefeiert. Maria, die Mutter Jesu, war dort, 2und auch Jesus hatte
man mit seinen Jüngern eingeladen.

3Während des Festes ging der Wein aus. Maria sagte zu ihrem Sohn:
»Es ist kein Wein mehr da!« 4Doch Jesus antwortete ihr: »Schreib mir
nicht vor, was ich zu tun habe! Meine Zeit ist noch nicht gekommen!«
5Da sagte seine Mutter zu den Dienern: »Was immer er euch befiehlt,
das tut!« 6Nun gab es im Haus sechs steinerne Wasserkrüge. Man be-
nutzte sie für die Waschungen, die das jüdische Gesetz verlangt. Jeder
von ihnen fasste achtzig bis hundertzwanzig Liter. 7Jesus forderte die
Diener auf: »Füllt diese Krüge mit Wasser!« Sie füllten die Gefäße bis
zum Rand. 8Dann ordnete er an: »Nun bringt dem Mann, der für das
Festmahl verantwortlich ist, eine Kostprobe davon!« 9Dieser probierte

den Wein, der vorher Wasser gewesen war. Er wusste allerdings nicht,
woher der Wein kam. Nur die Diener wussten Bescheid. Da rief er den
Bräutigam zu sich [10]und warf ihm vor: »Jeder bietet doch zuerst den
besten Wein an! Und erst später, wenn alle Gäste schon betrunken
sind, kommt der billigere Wein auf den Tisch. Aber du hast den besten
Wein bis jetzt zurückgehalten!«

[11]Dieses Wunder geschah in Kana. Dort in Galiläa zeigte Jesus zum
ersten Mal seine göttliche Herrlichkeit, und seine Jünger glaubten an
ihn. [12]Danach ging er für einige Tage mit seiner Mutter, seinen Brüdern
und seinen Jüngern nach Kapernaum.

## Jesus jagt die Händler aus dem Tempel

[13]Kurz vor dem jüdischen Passahfest reiste Jesus nach Jerusalem. [14]Dort
sah er im Tempel viele Händler, die Ochsen, Schafe und Tauben als
Opfertiere verkauften. Auch Geldwechsler saßen hinter ihren Tischen.
[15]Jesus knüpfte aus Stricken eine Peitsche und jagte die Händler mit all
ihren Schafen und Ochsen aus dem Tempel. Er schleuderte das Geld
der Wechsler auf den Boden und warf ihre Tische um. [16]Den Tauben-
händlern befahl er: »Schafft das alles hinaus! Das Haus meines Vaters
ist doch keine Markthalle!« [17]Seine Jünger aber mussten an das Wort
in der Heiligen Schrift denken: »Der Eifer für deinen Tempel wird mich
vernichten!«

## Von wem hat Jesus seine Vollmacht?

[18]Die führenden Männer der Juden stellten Jesus daraufhin zur Rede:
»Woher nimmst du dir das Recht, die Leute hinauszuwerfen? Wenn du
dabei im Auftrag Gottes handelst, dann musst du uns einen eindeutigen
Beweis dafür geben!« [19]Jesus antwortete ihnen: »Zerstört diesen Tem-
pel! In drei Tagen werde ich ihn wieder aufbauen.« [20]»Was?«, riefen sie.
»Sechsundvierzig Jahre wurde an diesem Tempel gebaut, und du willst
das in drei Tagen schaffen?«

[21]Mit dem Tempel aber meinte Jesus seinen Leib. [22]Als er von den
Toten auferstanden war, erinnerten sich seine Jünger an diese Worte.
Sie vertrauten der Heiligen Schrift und glaubten, was Jesus ihnen

gesagt hatte. 23Während des Passahfestes in Jerusalem erlebten viele
Menschen die Wunder, die Jesus vollbrachte, und glaubten deshalb an
ihn. 24Aber Jesus vertraute sich ihnen nicht an, weil er sie genau kann-
te. 25Ihm brauchte niemand etwas über die Menschen zu sagen, denn
er wusste, was in jedem Menschen vor sich geht.

## Jesus und der Pharisäer Nikodemus

3 Einer von den Männern des Hohen Rates war der Pharisäer Nikode-
mus. 2Mitten in der Nacht kam er heimlich zu Jesus: »Meister«,
sagte er, »wir wissen, dass Gott dich als Lehrer zu uns gesandt hat.
Denn niemand kann die Wunder tun, die du vollbringst, wenn Gott ihn
nicht dazu befähigt.«

3Darauf erwiderte Jesus: »Ich will dir etwas sagen, Nikodemus: Wer
nicht neu geboren wird, kann nicht in das Reich Gottes kommen.«
4Verständnislos fragte der Pharisäer: »Wie kann ein Erwachsener neu
geboren werden? Er kann doch nicht wieder in den Mutterleib zurück
und noch einmal auf die Welt kommen!«

5»Ich sage dir die Wahrheit!«, entgegnete Jesus. »Nur wer durch Was-
ser und durch Gottes Geist neu geboren wird, kann in das Reich Gottes
kommen! 6Ein Mensch kann immer nur menschliches Leben zur Welt
bringen. Wer aber durch Gottes Geist geboren wird, bekommt neues
Leben. 7Wundere dich deshalb nicht, wenn ich dir gesagt habe: Ihr
müsst neu geboren werden. 8Es ist damit wie beim Wind: Er weht, wie
er will. Du hörst ihn, aber du kannst nicht erklären, woher er kommt
und wohin er geht. So ist es auch mit der Geburt aus Gottes Geist.«

9Nikodemus ließ nicht locker: »Aber wie soll das nur vor sich gehen?«
10Jesus erwiderte: »Du bist doch ein anerkannter Gelehrter in Israel
und müsstest das eigentlich verstehen! 11Glaube mir: Wir reden nur
von dem, was wir genau kennen. Und was wir bezeugen, das haben wir
auch gesehen. Trotzdem nehmt ihr unser Wort nicht an. 12Ihr glaubt mir
ja nicht einmal, wenn ich von ganz alltäglichen Dingen rede! Wie also
werdet ihr mir dann glauben, wenn ich euch erkläre, was im Himmel
geschieht? 13Es gibt nur einen, der zum Himmel hinaufsteigt: der Men-
schensohn, der vom Himmel herabgekommen ist.

[14]Du weißt doch, wie Mose in der Wüste eine Schlange aus Bronze
an einem Pfahl aufrichtete, damit jeder, der sie ansah, am Leben blieb.
Genauso muss auch der Menschensohn erhöht werden. [15]Jeder, der
ihm vertraut, wird das ewige Leben haben.

[16]Denn Gott hat die Menschen so sehr geliebt, dass er seinen einzi-
gen Sohn für sie hergab. Jeder, der an ihn glaubt, wird nicht zugrunde
gehen, sondern das ewige Leben haben.

[17]Gott hat nämlich seinen Sohn nicht zu den Menschen gesandt,
um über sie Gericht zu halten, sondern um sie zu retten. [18]Wer an ihn
glaubt, der wird nicht verurteilt werden. Wer aber nicht an den einzi-
gen Sohn Gottes glaubt, über den ist wegen seines Unglaubens das Ur-
teil schon gesprochen. [19]Und so vollzieht sich das Urteil: Das Licht ist in
die Welt gekommen, aber die Menschen lieben die Finsternis mehr als
das Licht. Denn alles, was sie tun, ist böse. [20]Wer Böses tut, scheut das
Licht und bleibt lieber im Dunkeln, damit niemand seine Taten sehen
kann. [21]Wer aber die Wahrheit Gottes liebt und das tut, was er will, der
tritt ins Licht! An ihm zeigt sich: Gott selber bestimmt sein Handeln.«

## Johannes der Täufer tritt hinter Jesus zurück

[22]Danach kam Jesus mit seinen Jüngern in die Provinz Judäa. Dort blieb
er einige Zeit, um zu taufen. [23]Auch Johannes taufte bei Änon, in der
Nähe von Salim, weil es dort genügend Wasser gab. Immer wieder ka-
men Menschen zu Johannes, um sich von ihm taufen zu lassen. [24]Denn
damals war er noch nicht im Gefängnis.

[25]Eines Tages kam es zwischen einigen Jüngern des Johannes und ei-
nem Juden zum Streit darüber, welche Taufe wichtiger sei. [26]Gemeinsam
gingen sie schließlich zu Johannes und berichteten ihm: »Meister, der
Mann, der damals am anderen Jordanufer zu dir kam und von dem du
gesagt hast, dass er der von Gott versprochene Retter ist, der tauft jetzt
selber. Alle Leute gehen zu ihm, anstatt zu uns zu kommen.«

[27]Doch Johannes erwiderte: »Kein Mensch kann auch nur das Ge-
ringste tun, wenn es ihm nicht von Gott gegeben wird. [28]Ihr selbst
könnt doch bezeugen, dass ich immer wieder gesagt habe: ›Ich bin
nicht Christus, der von Gott gesandte Retter. Ich soll ihn nur ankün-

digen, mehr nicht.‹ 29Die Braut gehört schließlich zum Bräutigam! Der
Freund des Bräutigams freut sich mit ihm, auch wenn er nur daneben
steht. So geht es mir jetzt. Meine Freude ist grenzenlos. 30Christus soll
immer wichtiger werden, und ich will immer mehr in den Hintergrund
treten.

31Er ist vom Himmel gekommen und steht deshalb über allen. Wir
aber gehören zur Erde und können nur von irdischen Dingen reden.
Christus kommt vom Himmel 32und kann bezeugen, was er dort gese-
hen und gehört hat. Trotzdem glaubt ihm keiner! 33Wer aber auf seine
Botschaft hört, der bestätigt damit: Gott ist zuverlässig und wahrhaftig.
34Christus ist von Gott zu uns gesandt. Er redet Gottes Worte, weil
Gottes Geist ihn ganz und gar erfüllt. 35Der Vater liebt den Sohn und
hat ihm alle Macht gegeben.

36Wer an den Sohn Gottes glaubt, der hat das ewige Leben. Wer aber
nicht auf ihn hört, wird nie zum Leben gelangen, sondern Gottes Zorn
wird für immer auf ihm lasten.«

## Die Frau am Brunnen

4 1/2Den Pharisäern war zu Ohren gekommen, dass Jesus noch mehr
Nachfolger gewann und taufte als Johannes – obwohl er nicht ein-
mal selber taufte, sondern nur seine Jünger. Als Jesus, der Herr, das
erfuhr, 3verließ er Judäa und kehrte nach Galiläa zurück. 4Sein Weg
führte ihn auch durch Samarien, 5unter anderem nach Sychar. Dieser
Ort liegt in der Nähe des Feldes, das Jakob seinem Sohn Josef geschenkt
hatte. 6Dort befand sich der Jakobsbrunnen. Müde von der langen
Wanderung setzte sich Jesus an den Brunnen. Es war gerade Mittags-
zeit.
7Da kam eine Samariterin aus der nahe gelegenen Stadt zum Brunnen,
um Wasser zu holen. Jesus bat sie: »Gib mir etwas zu trinken!« 8Denn
seine Jünger waren in die Stadt gegangen, um etwas zu essen einzu-
kaufen.

9Die Frau war überrascht, denn normalerweise wollten die Juden
nichts mit den Samaritern zu tun haben. Sie sagte: »Du bist doch ein

Jude! Wieso bittest du mich um Wasser? Schließlich bin ich eine sama-
ritische Frau!«

10 Jesus antwortete ihr: »Wenn du wüsstest, was Gott dir geben will
und wer dich hier um Wasser bittet, würdest du mich um das Wasser
bitten, das du wirklich zum Leben brauchst. Und ich würde es dir
geben.«

11 »Aber Herr«, meinte da die Frau, »du hast doch gar nichts, womit
du Wasser schöpfen kannst, und der Brunnen ist tief! Wo willst du denn
das Wasser für mich hernehmen? 12 Kannst du etwa mehr als Jakob, un-
ser Stammvater, der diesen Brunnen gegraben hat? Er selbst, seine
Kinder und sein Vieh haben schon daraus getrunken.«

13 Jesus erwiderte: »Wer dieses Wasser trinkt, wird bald wieder
durstig sein. 14 Wer aber von dem Wasser trinkt, das ich ihm gebe, der
wird nie wieder Durst bekommen. Dieses Wasser wird in ihm zu einer
Quelle, die bis ins ewige Leben hinein fließt.«

15 »Dann gib mir dieses Wasser, Herr«, bat die Frau, »damit ich nie
mehr durstig bin und nicht immer wieder herkommen und Wasser
holen muss!« 16 Jesus entgegnete: »Geh und ruf deinen Mann. Dann
kommt beide hierher!« 17 »Ich bin nicht verheiratet«, wandte die Frau
ein. »Das stimmt«, erwiderte Jesus, »verheiratet bist du nicht. 18 Fünf
Männer hast du gehabt, und der, mit dem du jetzt zusammenlebst, ist
nicht dein Mann. Da hast du die Wahrheit gesagt.«

19 Erstaunt sagte die Frau: »Ich sehe, Herr, du bist ein Prophet!
20 Kannst du mir dann eine Frage beantworten? Unsere Vorfahren haben
Gott auf diesem Berg dort angebetet. Warum also behauptet ihr Juden,
man könne Gott nur in Jerusalem anbeten?«

21 Jesus antwortete: »Glaub mir, die Zeit wird kommen, in der ihr
Gott, den Vater, weder auf diesem Berg noch in Jerusalem anbeten wer-
det. 22 Ihr wisst ja nicht einmal, wen ihr anbetet. Wir aber wissen, zu
wem wir beten. Denn das Heil der Welt kommt von den Juden. 23 Doch
es kommt die Zeit – ja, sie ist schon da –, in der die Menschen den
Vater überall anbeten werden, weil sie von seinem Geist und seiner
Wahrheit erfüllt sind. Von diesen Menschen will der Vater angebetet

werden. 24 Denn Gott ist Geist. Und wer Gott anbeten will, muss von
seinem Geist erfüllt sein und in seiner Wahrheit leben.«

25 Die Frau entgegnete: »Ja, ich weiß, dass einmal der Messias kom-
men soll, der auch Christus genannt wird. Er wird uns schon alles erklä-
ren.« 26 Da sagte Jesus: »Du sprichst mit ihm. Ich bin der Messias.«

27 Als seine Jünger aus der Stadt zurückkamen, wunderten sie sich,
dass er mit einer Frau redete. Aber keiner fragte ihn: »Was willst du von
ihr? Warum sprichst du mit ihr?«

28 Da ließ die Frau ihren Wasserkrug stehen, lief in die Stadt und rief
allen Leuten zu: 29 »Kommt mit! Ich habe einen Mann getroffen, der
alles von mir weiß! Vielleicht ist er der Messias!« 30 Neugierig liefen die
Leute aus der Stadt zu Jesus.

31 Inzwischen hatten ihm seine Jünger zugeredet: »Meister, iss doch
etwas!« 32 Aber er sagte zu ihnen: »Ich habe eine Speise, von der ihr
nichts wisst.« 33 »Hat ihm wohl jemand etwas zu essen gebracht?«, frag-
ten sich die Jünger untereinander.

34 Aber Jesus erklärte ihnen: »Ich lebe davon, dass ich Gottes Willen
erfülle und sein Werk zu Ende führe. Dazu hat er mich in diese Welt
gesandt. 35 Habt ihr nicht selbst gesagt: ›In vier Monaten beginnt die
Ernte‹? Macht doch eure Augen auf und seht euch um! Das Getreide
ist schon reif für die Ernte. 36 Wer sie einbringt, bekommt schon jetzt
seinen Lohn und sammelt Frucht für das ewige Leben. Beide sollen
sich über die Ernte freuen: wer gesät hat und wer die Ernte einbringt.
37 Hier trifft das Sprichwort zu: ›Einer sät, der andere erntet.‹ 38 Ich habe
euch auf ein Feld geschickt, das ihr nicht bestellt habt, damit ihr dort
ernten sollt. Andere haben sich vor euch abgemüht, und ihr erntet die
Früchte ihrer Arbeit.«

39 Viele Leute aus Sychar glaubten allein deshalb an Jesus, weil die
Frau überall erzählt hatte: »Dieser Mann weiß alles, was ich getan
habe.« 40 Als sie nun zu Jesus kamen, baten sie ihn, länger bei ihnen zu
bleiben, und er blieb noch zwei Tage. 41 So konnten ihn alle hören, und
schließlich glaubten noch viel mehr Menschen an ihn. 42 Sie sagten zu
der Frau: »Jetzt glauben wir nicht nur deshalb an Jesus, weil du uns von

ihm erzählt hast. Wir haben ihn jetzt selbst gehört und wissen: Er ist
wirklich der Retter der Welt!«

## Jesus heilt ein schwer krankes Kind

[43]Zwei Tage später zog Jesus weiter nach Galiläa, [44]obwohl er selbst
einmal gesagt hatte, dass ein Prophet in seiner Heimat nichts gilt.
[45]Diesmal aber nahmen ihn die Galiläer freundlich auf. Sie waren
während des Passahfestes in Jerusalem gewesen und hatten dort alles
miterlebt, was er getan hatte.

[46]Auf seinem Weg durch Galiläa kam Jesus auch wieder nach Kana,
wo er Wasser in Wein verwandelt hatte. In Kapernaum lebte ein königlicher Beamter, dessen Sohn sehr krank war. [47]Als dieser Mann hörte,
dass Jesus aus Judäa nach Galiläa zurückgekehrt war, ging er zu ihm
und bat: »Komm schnell in mein Haus, und heile meinen todkranken
Sohn!«

[48]»Wenn ihr nicht immer neue Zeichen und Wunder seht, glaubt
ihr nicht«, hielt Jesus ihm entgegen. [49]Aber der Beamte flehte ihn an:
»Herr, komm doch schnell, sonst stirbt mein Kind!« [50]»Geh nach Hause«, sagte Jesus, »dein Sohn ist gesund!« Der Mann glaubte ihm und
ging nach Hause.

[51]Noch während er unterwegs war, kamen ihm einige seiner Diener
entgegen. »Dein Kind ist gesund!«, riefen sie. [52]Der Vater erkundigte
sich: »Seit wann geht es ihm besser?« Sie antworteten: »Gestern Mittag
gegen ein Uhr hatte er plötzlich kein Fieber mehr.« [53]Da erinnerte sich
der Vater, dass Jesus genau in dieser Stunde gesagt hatte: »Dein Sohn
ist gesund!« Seitdem glaubte dieser Mann mit allen, die in seinem Haus
lebten, an Jesus.

[54]Dies war das zweite Wunder in Galiläa, das Jesus wirkte, nachdem
er aus Judäa zurückgekehrt war.

## Der Kranke am Teich Betesda

5 Bald darauf feierten die Juden ein Fest in Jerusalem, und auch Jesus
ging hin. [7]In der Stadt befindet sich nicht weit vom Schaftor entfernt der Teich Betesda, wie er auf Hebräisch genannt wird. Er ist von

fünf Säulenhallen umgeben. 3Viele Kranke, Blinde, Gelähmte und Ge-
brechliche lagen in diesen Hallen und warteten darauf, dass sich Wellen
auf dem Wasser zeigten. 4Von Zeit zu Zeit bewegte nämlich ein Engel
Gottes das Wasser. Wer dann als Erster in den Teich kam, der wurde
gesund; ganz gleich, welches Leiden er hatte.

5Einer von den Menschen, die dort lagen, war schon seit achtund-
dreißig Jahren krank. 6Als Jesus ihn sah und erfuhr, dass er schon so
lange an seiner Krankheit litt, fragte er ihn: »Willst du gesund werden?«
7»Ach Herr«, entgegnete der Kranke, »ich habe niemanden, der mir in
den Teich hilft, wenn sich das Wasser bewegt. Versuche ich es aber
allein, komme ich immer zu spät.« 8Da forderte ihn Jesus auf: »Steh auf,
roll deine Matte zusammen und geh!« 9Im selben Augenblick war der
Mann geheilt. Er nahm seine Matte und ging seines Weges.

Das geschah an einem Sabbat. 10Einige der Juden, die den Geheilten
sahen, hielten ihm vor: »Heute ist doch Sabbat! Da darf man keine Mat-
te tragen!« 11»Aber der Mann, der mich heilte, hat es mir ausdrücklich
befohlen«, antwortete er ihnen. 12»Wer hat dir so etwas befohlen?«,
fragten sie nun. 13Doch das wusste der Mann nicht, denn Jesus hatte
den Teich wegen der großen Menschenmenge bereits wieder verlas-
sen.

14Später traf Jesus den Geheilten im Tempel und sagte zu ihm: »Du
bist gesund geworden. Sündige nicht mehr, damit du nicht etwas
Schlimmeres als deine Krankheit erlebst!« 15Da ging der Mann zu den
Juden und berichtete: »Es war Jesus, der mich geheilt hat!«

16Von da an lauerten die Juden Jesus auf, weil er sogar am Sabbat
Kranke heilte. 17Aber Jesus sagte ihnen: »Zu jeder Zeit tut mein Vater
Gutes, und ich folge nur seinem Beispiel.« 18Nach dieser Antwort waren
die Juden erst recht entschlossen, ihn umzubringen. Denn Jesus hatte
nicht nur ihre Sabbatvorschriften missachtet, sondern sogar Gott sei-
nen Vater genannt und sich dadurch Gott gleichgestellt.

## Woher nimmt Jesus das Recht für sein Handeln?

[19]Zu dieser Anschuldigung der Juden sagte Jesus: »Ich sage euch die
Wahrheit: Von sich aus kann der Sohn gar nichts tun, sondern er tut
nur das, was er auch den Vater tun sieht. Was aber der Vater tut, das
tut auch der Sohn! [20]Denn weil der Vater den Sohn liebt, zeigt er ihm
alles, was er selbst tut. Und er wird ihn noch viel größere Wunder tun
lassen, so dass ihr staunen werdet. [21]So wie der Vater Tote auferweckt
und ihnen neues Leben gibt, so hat auch der Sohn die Macht dazu,
neues Leben zu geben, wem er will. [22]Denn nicht der Vater spricht das
Urteil über die Menschen, er hat das Richteramt vielmehr dem Sohn
übertragen, [23]damit alle den Sohn ehren, genauso wie den Vater. Wer
aber den Sohn nicht als Herrn anerkennen will, der verachtet auch die
Herrschaft des Vaters, der ja den Sohn gesandt hat.

[24]Ich sage euch die Wahrheit: Wer meine Botschaft hört und an den
glaubt, der mich gesandt hat, der wird ewig leben. Ihn wird das Urteil
Gottes nicht treffen, denn er hat die Grenze vom Tod zum Leben schon
überschritten.

[25]Ich versichere euch: Die Zeit wird kommen, ja, sie hat schon begonnen, in der die Toten die Stimme des Sohnes Gottes hören werden.
Und wer diesen Ruf hört, der wird leben. [26]Denn in Gott ist das Leben,
und nach Gottes Willen hat auch der Sohn dieses Leben in sich. [27]Er
hat ihm die Macht gegeben, die ganze Menschheit zu richten, weil er
der Menschensohn ist.

[28]Wundert euch nicht darüber! Der Tag wird kommen, an dem die
Toten in ihren Gräbern die Stimme des Sohnes hören werden. [29]Dann
werden alle Menschen auferstehen: Die Gutes getan haben, werden
ewig leben, die aber Böses getan haben, werden verurteilt.

[30]Dabei kann ich nicht eigenmächtig handeln, sondern ich entscheide so, wie Gott es mir sagt. Deswegen ist mein Urteil auch gerecht.
Denn ich verwirkliche nicht meinen eigenen Willen, sondern erfülle
den Willen Gottes, der mich gesandt hat.«

## Glaubwürdige Zeugen für den Sohn Gottes

31»Wenn ich mein eigener Zeuge wäre, würde das nicht gelten. 32Aber
ich habe einen Zeugen. Und ich weiß, dass alles wahr ist, was er über
mich sagt.

33Ihr seid zwar zu Johannes dem Täufer gegangen, um die Wahrheit
über mich zu hören, und er hat sie euch gesagt. 34Doch ich brauche
keine Zeugenaussage von Menschen. Nur um euretwillen nenne ich
Johannes als Zeugen, damit ihr errettet werdet. 35Johannes war ein
strahlendes Licht, ihr aber habt euch damit zufrieden gegeben, euch
eine Zeit lang daran zu freuen. 36Doch ich habe noch wichtigere Zeugen
als Johannes: die Taten nämlich, die ich im Auftrag meines Vaters voll-
bringe. Sie beweisen, dass der Vater mich gesandt hat.

37Gott selbst, der mich gesandt hat, ist also mein Zeuge. Aber ihr
habt noch niemals seine Stimme gehört, habt ihn nie gesehen. 38Ihr lebt
nicht nach dem, was er gesagt hat; sonst würdet ihr den nicht ablehnen,
den Gott zu euch gesandt hat.

39Ihr lest die Heilige Schrift gründlich, um ewiges Leben zu finden.
Und tatsächlich weist sie auf mich hin. 40Dennoch wollt ihr nicht zu mir
kommen, um ewiges Leben zu haben.

41Ich suche nicht die Anerkennung von Menschen! 42Ich kenne euch
und weiß genau, dass ihr Gottes Liebe nicht in euch habt. 43Mein Vater
hat mich zu euch geschickt, doch ihr lehnt mich ab. Wenn aber jemand
in eigenem Auftrag zu euch kommt, den werdet ihr aufnehmen.

44Kein Wunder, dass ihr nicht glauben könnt! Denn ihr seid doch nur
darauf aus, voreinander etwas zu gelten. Aber euch ist völlig gleichgül-
tig, ob ihr vor dem einzigen Gott bestehen könnt.

45Es ist gar nicht nötig, dass ich euch vor dem Vater anklage: Mose
wird euer Ankläger sein – genau der, auf den ihr eure ganze Hoffnung
setzt! 46Denn in Wirklichkeit glaubt ihr Mose gar nicht; sonst würdet
ihr auch mir glauben. Schließlich hat doch Mose von mir geschrieben.
47Wenn ihr aber nicht einmal glaubt, was er geschrieben hat, wie könnt
ihr dann glauben, was ich euch sage?«

## Fünftausend werden satt

6 Danach kam Jesus an das andere Ufer des Galiläischen Meeres, das man auch See von Tiberias nennt. 2Eine große Menschenmenge folgte ihm, weil sie gesehen hatten, wie er Kranke heilte. 3Zusammen mit seinen Jüngern ging Jesus auf eine Anhöhe, und dort setzten sie sich. 4Das jüdische Passahfest stand kurz bevor.

5Als Jesus die vielen Menschen kommen sah, fragte er Philippus: »Wo können wir für alle diese Leute Brot kaufen?« 6Er fragte dies, um zu sehen, ob Philippus ihm vertraute; denn er wusste, wie er die Menschen versorgen würde. 7Philippus überlegte: »Wir müssten 200 Silberstücke ausgeben, wenn wir für jeden auch nur ein kleines Stückchen Brot kaufen wollten.« 8Da brachte Andreas, der Bruder von Simon Petrus, ein Kind zu ihnen: 9»Hier ist ein Junge, der hat fünf Gerstenbrote und zwei Fische mitgebracht. Aber was ist das schon für so viele Menschen!«

10Jetzt forderte Jesus die Jünger auf: »Sagt den Leuten, dass sie sich hinsetzen sollen!« Etwa fünftausend Männer lagerten sich auf dem Boden, der dort von dichtem Gras bewachsen war. 11Dann nahm Jesus die fünf Gerstenbrote, dankte Gott dafür und ließ sie an die Menschen austeilen, ebenso die beiden Fische. Jeder bekam so viel, wie er wollte. 12Als alle satt waren, sagte Jesus zu seinen Jüngern: »Sammelt die Reste ein, damit nichts verdirbt!« 13Und die Jünger füllten noch zwölf Körbe mit den Resten. So viel war von den fünf Gerstenbroten übrig geblieben.

14Als die Leute begriffen, was Jesus getan hatte, riefen sie begeistert: »Das ist wirklich der Prophet, auf den wir so lange gewartet haben!« 15Jesus merkte, dass sie ihn jetzt unbedingt festhalten und zu ihrem König ausrufen wollten. Deshalb zog er sich in die Berge zurück, er ganz allein.

## Jesus geht auf dem Wasser

16Am Abend gingen seine Jünger hinunter an den See. 17Sie stiegen in ein Boot, um nach Kapernaum überzusetzen. Die Nacht brach herein, und Jesus war nicht bei ihnen. 18Ein heftiger Sturm kam auf und schlug hohe Wellen. 19Die Jünger waren schon vier bis fünf Kilometer vom

Ufer entfernt, als sie plötzlich Jesus sahen. Er ging über das Wasser auf
ihr Boot zu. Da packte sie die Angst. [20]Doch Jesus rief ihnen zu: »Fürch-
tet euch nicht! Ich bin es!« [21]Sie wollten ihn noch in ihr Boot nehmen;
aber da hatten sie schon die Anlegestelle am Ufer erreicht.

## Wo ist Jesus?

[22]Am nächsten Morgen erinnerten sich die Menschen, die auf der
anderen Seite des Sees geblieben waren, dass nur ein Boot am Ufer ge-
legen hatte. Sie hatten gesehen, dass die Jünger mit diesem Boot weg-
gefahren waren, Jesus aber nicht bei ihnen gewesen war. [23]Inzwischen
legten mehrere Schiffe aus Tiberias nahe bei der Stelle an, wo die
Menschenmenge nach dem Dankgebet des Herrn das Brot gegessen
hatte. [24]Weil nun Jesus und seine Jünger nirgends zu finden waren,
stiegen alle in diese Schiffe und fuhren hinüber nach Kapernaum, um
ihn dort zu suchen.

## Das Brot des Lebens

[25]Als sie Jesus auf der anderen Seite des Sees gefunden hatten, fragten
sie ihn: »Meister, wann bist du denn hierher gekommen?« [26]Jesus ant-
wortete ihnen: »Ich weiß, weshalb ihr zu mir kommt: doch nur, weil
ihr von mir Brot bekommen habt und satt geworden seid; nicht weil
ihr verstanden hättet, was dieses Wunder bedeutet! [27]Bemüht euch
doch nicht nur um das vergängliche Brot, das ihr zum täglichen Leben
braucht! Setzt alles dafür ein, die Nahrung zu bekommen, die bis ins
ewige Leben reicht. Diese wird der Menschensohn euch geben. Denn
Gott, der Vater, hat ihn dazu bestimmt und ihm die Macht gegeben.«

[28]Da fragten sie ihn: »Was sollen wir tun, um Gottes Willen zu er-
füllen?« [29]Er erwiderte: »Nur eins erwartet Gott von euch: Ihr sollt an
den glauben, den er gesandt hat.« [30]»Wenn wir an dich glauben sollen«,
wandten sie ein, »musst du uns schon beweisen, dass du im Auftrag
Gottes handelst! Kannst du nicht ein Wunder tun? Vielleicht so eines
wie damals, [31]als unsere Vorfahren in der Wüste jeden Tag Brot aßen? Es
heißt doch in der Heiligen Schrift: ›Er gab ihnen Brot vom Himmel.‹«

32Jesus entgegnete: »Ich versichere euch: Nicht Mose gab euch das
Brot vom Himmel! Das wahre Brot vom Himmel gibt euch jetzt mein
Vater. 33Und nur dieses Brot, das vom Himmel kommt, schenkt der Welt
das Leben.« 34»Herr, gib uns jeden Tag dieses Brot!«, baten ihn alle.

35»Ich bin das Brot des Lebens«, sagte Jesus zu ihnen. »Wer zu mir
kommt, wird niemals wieder Hunger leiden, und wer an mich glaubt,
wird nie wieder Durst haben. 36Doch ich habe euch ja schon einmal
gesagt: Ihr glaubt nicht an mich, obwohl ihr mich mit euren eigenen
Augen seht. 37Alle Menschen, die mir der Vater gibt, werden zu mir
kommen, und keinen von ihnen werde ich zurückstoßen. 38Denn ich
bin nicht vom Himmel gekommen, um zu tun, was ich will, sondern um
den Willen des Vaters zu erfüllen, der mich gesandt hat. 39Und das ist
Gottes Wille: Kein Einziger von denen, die er mir anvertraut hat, soll
verloren gehen. Ich werde sie alle am letzten Tag zum Leben erwecken.
40Denn nach dem Willen meines Vaters wird jeder, der den Sohn sieht
und an ihn glaubt, für immer leben. Ich werde ihn am letzten Tag vom
Tod auferwecken.«

41Weil Jesus behauptet hatte: »Ich bin das Brot, das vom Himmel
gekommen ist«, riefen die Juden empört: 42»Was? Das ist doch Jesus, Jo-
sefs Sohn. Wir kennen schließlich seine Eltern. Wie kann er behaupten:
›Ich bin vom Himmel gekommen!‹ ?«

43Jesus antwortete auf ihre Vorwürfe: »Warum empört ihr euch so?
44Keiner kann zu mir kommen, wenn nicht der Vater, der mich gesandt
hat, ihn zu mir bringt. Und alle diese Menschen, die er mir gibt, will ich
am letzten Tag zum Leben erwecken.

45Bei den Propheten heißt es: ›Alle werden von Gott lernen!‹ Wer also
auf den Vater hört und von ihm lernt, der kommt zu mir. 46Das bedeutet
aber nicht, dass jemals ein Mensch den Vater gesehen hat. Nur einer
hat ihn wirklich gesehen: der eine, der von Gott gekommen ist. 47Ich
sage euch die Wahrheit: Wer an mich glaubt, der hat jetzt schon das
ewige Leben!

48Ich selbst bin das Brot, das euch dieses Leben gibt! 49Eure Vorfah-
ren haben in der Wüste das Manna, das Brot vom Himmel, gegessen
und sind doch alle gestorben. 50Aber hier ist das wahre Brot, das vom

Himmel kommt. Wer davon isst, wird nicht sterben. 51Ich bin dieses
Brot, das von Gott gekommen ist und euch das Leben gibt. Jeder, der
dieses Brot isst, wird ewig leben. Dieses Brot ist mein Leib, den ich
hingeben werde, damit die Welt leben kann.«

52Nach diesen Worten Jesu kam es unter den Juden zu einer heftigen
Auseinandersetzung. »Will dieser Mensch uns etwa seinen Leib zu
essen geben?«, fragten sie.

53Darauf erwiderte Jesus: »Das eine steht unumstößlich fest: Wenn
ihr den Leib des Menschensohnes nicht esst und sein Blut nicht trinkt,
habt ihr kein Leben in euch. 54Nur wer meinen Leib isst und mein Blut
trinkt, der hat ewiges Leben, und ihn werde ich am letzten Tag aufer-
wecken. 55Denn mein Leib ist die lebensnotwendige Nahrung und mein
Blut der Leben spendende Trank. 56Wer meinen Leib isst und mein Blut
trinkt, der bleibt in mir, und ich bleibe in ihm. 57Ich lebe durch die Kraft
des lebendigen Gottes, der mich gesandt hat. Ebenso wird jeder, der
meinen Leib isst, durch mich leben. 58Nun wisst ihr, was ich mit dem
Brot meine, das vom Himmel zu euch gekommen ist! Eure Vorfahren
haben zwar auch in der Wüste Brot vom Himmel gegessen, aber sie sind
trotzdem gestorben. Doch wer dieses Brot isst, wird für immer leben.«

### Jesus stellt seine Jünger vor die Wahl

59Dies alles sagte Jesus in der Synagoge von Kapernaum. 60Viele von
denen, die ihm bisher gefolgt waren, hörten es und sagten: »Das ist
eine Zumutung! Wer will sich so etwas anhören?«

61Jesus wusste, dass selbst seine Jünger entrüstet waren, und fragte
sie deshalb: »Nehmt ihr schon daran Anstoß? 62Was werdet ihr erst sa-
gen, wenn ihr seht, wie der Menschensohn dahin zurückkehrt, woher
er gekommen ist? 63Gottes Geist allein schafft Leben. Ein Mensch kann
dies nicht. Die Worte aber, die ich euch gesagt habe, sind aus Gottes
Geist; deshalb bringen sie euch das Leben. 64Aber einige von euch glau-
ben mir trotzdem nicht.«

Jesus wusste nämlich von Anfang an, wer nicht an ihn glaubte und
wer ihn später verraten würde. 65»Deshalb«, so erklärte er weiter, »habe

ich euch gesagt: Keiner kann zu mir kommen, wenn ihn nicht der Vater
zu mir führt!«
[66]Nach dieser Rede wandten sich viele, die ihm gefolgt waren, von
Jesus ab und gingen nicht mehr mit ihm. [67]Da fragte Jesus seine zwölf
Jünger: »Wollt ihr auch weggehen und mich verlassen?« [68]»Herr, zu
wem sollten wir denn gehen?«, antwortete Simon Petrus. »Nur deine
Worte schenken ewiges Leben. [69]Wir glauben und haben erkannt, dass
du von Gott kommst und zu Gott gehörst.«
[70]Da sagte Jesus: »Ich selbst habe euch zwölf ausgewählt – und doch:
Einer von euch ist ein Teufel!« [71]Damit meinte er Judas, den Sohn von
Simon Iskariot, einen seiner zwölf Jünger. Und Judas war es dann auch,
der Jesus später verriet.

## »Zeig, was du kannst!«

7 Danach zog Jesus weiter durch Galiläa. In Judäa wollte er sich nicht
aufhalten, weil die führenden Männer der Juden dort seinen Tod
beschlossen hatten. [2]Kurz vor dem Laubhüttenfest aber [3]forderten ihn
seine Brüder auf, mit ihnen nach Judäa zu gehen: »Komm mit und zeig
deinen Anhängern dort, welche Wunder du tun kannst! [4]Kein Mensch
versteckt sich, wenn er bekannt werden will. Wenn du schon Wunder
vollbringst, dann zeige sie auch vor aller Welt!« [5]So konnten seine Brü-
der nur reden, weil sie nicht an ihn glaubten.
[6]Jesus antwortete ihnen: »Jetzt kann ich noch nicht dorthin gehen,
weil meine Zeit noch nicht gekommen ist. Ihr könnt gehen und tun,
was ihr wollt. [7]Denn die Welt hat ja keinen Grund, euch zu hassen.
Aber mich hasst sie, weil ich ihr böses Tun beim Namen nenne. [8]Geht
ihr nur zum Fest! Ich komme nicht mit. Denn die Zeit zum Handeln ist
für mich noch nicht da.« [9]Das sagte er zu seinen Brüdern und blieb in
Galiläa.

## Jesus auf dem Laubhüttenfest in Jerusalem

[10]Nachdem seine Brüder nach Jerusalem gereist waren, ging auch Jesus
heimlich dorthin. [11]Die führenden Männer des jüdischen Volkes such-
ten ihn während des Festes und fragten überall: »Wo ist denn dieser

Jesus?« [12]Auch unter den Festbesuchern wurde viel über ihn gespro-
chen. Einige hielten ihn für einen guten Menschen, andere wieder
behaupteten: »Er verführt das Volk!« [13]Aber keiner hatte den Mut, frei
und offen seine Meinung über ihn zu sagen. Alle fürchteten sich vor
den führenden Männern des jüdischen Volkes.

[14]Als das Fest zur Hälfte vorüber war, ging Jesus in den Tempel und
lehrte dort öffentlich. [15]Die Juden staunten: »Wie kann jemand so viel
aus der Heiligen Schrift wissen, obwohl er keinen Lehrer gehabt hat?«

[16]Jesus beantwortete ihre Frage: »Was ich euch sage, sind nicht mei-
ne eigenen Gedanken. Es sind die Worte Gottes, der mich gesandt hat.
[17]Wer von euch bereit ist, Gottes Willen zu tun, der wird erkennen, ob
diese Worte von Gott kommen oder ob es meine eigenen Gedanken
sind.

[18]Wer seine eigene Lehre verbreitet, dem geht es um das eigene An-
sehen. Wer aber Anerkennung und Ehre für den sucht, der ihn gesandt
hat, der ist vertrauenswürdig und tut nichts, was seinem Auftrag wider-
spricht. [19]Mose hat euch das Gesetz gegeben; aber keiner von euch lebt
nach diesem Gesetz! Mit welchem Recht also wollt ihr mich töten?«

[20]Da empörte sich die Menge: »Du bist ja besessen! Wer will dich
denn umbringen?« [21]Jesus entgegnete: »Ihr ärgert euch darüber, dass
ich hier am Sabbat einen Menschen geheilt habe! [22/23]Mose hat an-
geordnet, dass eure Kinder am achten Tag beschnitten werden sollen.
Nach dieser Vorschrift haben sich bereits eure Stammväter vor Mose
gerichtet. Auch eure Söhne werden am achten Tag beschnitten, selbst
wenn es ein Sabbat ist, damit das Gesetz des Mose nicht übertreten
wird. Weshalb also seid ihr so empört darüber, dass ich einen Menschen
am Sabbat geheilt habe? [24]Richtet nicht nach dem äußeren Schein, son-
dern urteilt gerecht!«

### Jesus im Widerstreit der Meinungen

[25]Da meinten einige Leute von Jerusalem: »Ist das nicht der Mann, den
sie töten wollen? [26]Jetzt redet er hier in aller Öffentlichkeit, und keiner
verbietet es ihm. Sollten unsere führenden Männer nun etwa davon
überzeugt sein, dass er der Messias ist? [27]Aber er kann es doch gar nicht

sein! Schließlich kennen wir seine Herkunft. Woher aber der Messias
kommt, wird niemand wissen.«

[28]Darauf rief Jesus im Tempel, so dass es alle hören konnten: »Kennt
ihr mich wirklich, und wisst ihr, woher ich komme? Ich bin nicht im
eigenen Auftrag gekommen. Der mich gesandt hat, ist wahrhaftig und
zuverlässig. Ihr kennt ihn nicht, [29]aber ich kenne ihn, weil ich von ihm
komme und er mich zu euch gesandt hat.«

[30]Nach diesen Worten hätten sie ihn am liebsten festgenommen;
doch keiner wagte es. Denn Gottes Zeit dafür war noch nicht da.
[31]Viele seiner Zuhörer im Tempel aber glaubten an Jesus und sagten:
»Was erwartet ihr eigentlich noch von diesem Mann? Mehr Wunder, als
er schon getan hat, kann doch auch der Messias nicht tun.«

[32]Als die Pharisäer hörten, was die Leute über Jesus redeten, be-
schlossen sie zusammen mit den Hohenpriestern, Jesus von der Tem-
pelwache festnehmen zu lassen. [33]Währenddessen sagte Jesus zu der
Volksmenge: »Ich bleibe nur noch kurze Zeit bei euch. Danach kehre
ich zu dem zurück, der mich gesandt hat. [34]Ihr werdet mich überall
suchen, aber nicht mehr finden. Wo ich dann sein werde, könnt ihr
nicht hinkommen.«

[35]»Wo will er denn hin?«, fragten die Juden verwirrt. »Will er etwa au-
ßer Landes gehen und den Griechen seine Lehre bringen? [36]Was meint
er, wenn er sagt: ›Ihr werdet mich suchen und nicht finden‹ und: ›Wo
ich dann sein werde, könnt ihr nicht hinkommen‹ ?«

## Leben spendendes Wasser

[37]Am letzten Tag, dem Höhepunkt des großen Festes, trat Jesus wieder
vor die Menschenmenge und rief laut: »Wer Durst hat, der soll zu mir
kommen und trinken! [38]Wer mir vertraut, wird erfahren, was die Heilige
Schrift sagt: Von ihm wird Leben spendendes Wasser ausgehen wie ein
starker Strom.«

[39]Damit meinte er den Heiligen Geist, den alle bekommen würden,
die Jesus vertrauen. Den Geist bekamen sie erst, nachdem Jesus in
Gottes Herrlichkeit zurückgekehrt war.

40Nach diesen Worten waren einige davon überzeugt: »Er ist der Pro-
phet, den Mose uns angekündigt hat.« 41Andere wieder sagten: »Nein,
er ist der Christus!« Eine dritte Gruppe schließlich meinte: »Das kann
gar nicht sein! Er kommt doch aus Galiläa, 42und in der Heiligen Schrift
heißt es schließlich eindeutig, der Christus soll von David abstammen
und wie David aus Bethlehem kommen.«
43So waren die Meinungen über Jesus sehr geteilt. 44Einige hätten
ihn gern festgenommen; aber keiner wagte es, gegen ihn vorzugehen.

## Nikodemus spricht für Jesus

45So kehrte die Tempelwache zu den Hohenpriestern und Pharisäern
zurück, ohne Jesus festgenommen zu haben. »Weshalb bringt ihr ihn
nicht mit?«, stellten sie die Soldaten zur Rede. 46Die Soldaten entschul-
digten sich: »Noch nie hat ein Mensch so geredet wie dieser Mann!«
47Da wurden die Pharisäer ärgerlich: »Habt ihr euch also auch von ihm
beschwatzen lassen? 48Gibt es etwa unter uns führenden Männern
auch nur einen einzigen, der diesem Menschen glaubt? 49Nur dieses
verfluchte Volk läuft ihm nach, das keine Ahnung vom Gesetz hat.«
50Doch Nikodemus, der auch zu den Pharisäern gehörte und Jesus
früher einmal heimlich aufgesucht hatte, widersprach ihnen: 51»Seit
wann verurteilt denn unser Gesetz einen Menschen, ehe man ihn ver-
hört und ihm seine Schuld nachgewiesen hat?« 52Da fragten ihn die Pha-
risäer: »Bist du etwa auch aus Galiläa? Du brauchst nur in der Heiligen
Schrift nachzulesen. Dann weißt du: Kein Prophet kommt aus Galiläa!«
53Ohne sich geeinigt zu haben, gingen sie nach Hause.

## Jesus vergibt der Ehebrecherin

8 Jesus verließ die Stadt und ging zum Ölberg. 2Aber schon früh am
nächsten Morgen war er wieder im Tempel. Viele Menschen dräng-
ten sich um ihn. Er setzte sich und lehrte sie.
3Da schleppten die Schriftgelehrten und Pharisäer eine Frau heran,
die beim Ehebruch überrascht worden war, stießen sie in die Mitte
4und sagten zu Jesus: »Lehrer, diese Frau wurde auf frischer Tat beim

Ehebruch ertappt. 5 Im Gesetz hat Mose uns befohlen, eine solche Frau
zu steinigen. Was meinst du dazu?«

6 Sie fragten dies, um Jesus auf die Probe zu stellen und ihn dann
anklagen zu können. Aber Jesus bückte sich nur und schrieb mit dem
Finger auf die Erde. 7 Als sie nicht locker ließen, richtete er sich auf und
sagte: »Wer von euch noch nie gesündigt hat, soll den ersten Stein auf
sie werfen!« 8 Dann bückte er sich wieder und schrieb weiter auf die
Erde. 9 Als die Menschen das hörten, gingen sie einer nach dem anderen
davon – die älteren zuerst. Schließlich war Jesus mit der Frau allein.

10 Da stand er auf und fragte sie: »Wo sind jetzt deine Ankläger? Hat
dich denn keiner verurteilt?« 11 »Nein, Herr«, antwortete sie. »Dann ver-
urteile ich dich auch nicht«, entgegnete ihr Jesus. »Geh, aber sündige
nun nicht mehr!«

## Das Licht, das zum Leben führt

12 Ein anderes Mal sagte Jesus zu den Menschen: »Ich bin das Licht für
die Welt. Wer mir nachfolgt, irrt nicht mehr in der Dunkelheit umher,
sondern folgt dem Licht, das ihn zum Leben führt.«

13 Da unterbrachen ihn die Pharisäer: »Du bist doch wieder nur dein
eigener Zeuge. Das beweist noch lange nicht, dass du die Wahrheit
sagst.« 14 Jesus erwiderte ihnen: »Auch wenn ich hier als mein eige-
ner Zeuge auftrete, sage ich die Wahrheit. Denn ich weiß, woher ich
komme und wohin ich gehe; aber ihr wisst das alles nicht. 15 Ihr urteilt
über mich nach dem äußeren Schein. Ich urteile über niemanden so.
16 Wenn ich aber über jemanden das Urteil spreche, dann ist mein Ur-
teil gerecht. Denn ich richte nicht allein, sondern der Vater, der mich
gesandt hat, spricht das Urteil. 17 Nach eurem Gesetz ist vor Gericht
eine Aussage glaubwürdig, wenn es dafür mindestens zwei Zeugen gibt.
18 Nun, ich selbst trete für mich als Zeuge auf, und mein Vater, der mich
gesandt hat, ist auch mein Zeuge.« 19 »Wo ist denn dein Vater?«, fragten
sie daraufhin. Jesus antwortete: »Ihr wisst ja nicht einmal, wer ich bin;
deshalb kennt ihr meinen Vater erst recht nicht. Wenn ihr mich kennen
würdet, wüsstet ihr auch, wer mein Vater ist.«

[20]Das alles sagte Jesus an der Stelle des Tempels, wo das Geldopfer
gesammelt wurde. Aber niemand nahm ihn fest, denn die Zeit dafür war
noch nicht gekommen.

## »Wo ich sein werde, könnt ihr nicht hingehen«

[21]Später sagte Jesus noch einmal zu ihnen: »Ich gehe fort. Ihr werdet
mich dann verzweifelt suchen, aber ihr werdet in euren Sünden um-
kommen. Ihr könnt nicht dorthin gehen, wo ich sein werde.«
[22]»Will er sich etwa das Leben nehmen?«, fragten sich die Juden.
»Oder was heißt das: ›Ihr könnt nicht dorthin gehen, wo ich sein wer-
de‹ ?« [23]Dazu sagte ihnen Jesus: »Ihr seid von hier unten; ich komme
von oben. Ihr gehört zu dieser Welt; ich gehöre nicht zu dieser Welt.
[24]Deshalb habe ich gesagt: Ihr werdet in euren Sünden umkommen.
Wenn ihr nicht glaubt, dass ich es bin, gibt es keine Rettung für euch.«
[25]»Dann sag uns, wer du bist!«, forderten sie ihn auf. Jesus erwiderte:
»Darüber habe ich doch von Anfang an mit euch geredet.« [26]»Ich hätte
euch viel vorzuwerfen und viel an euch zu verurteilen. Trotzdem sage
ich euch nur, was ich von dem gehört habe, der mich gesandt hat. Er ist
wahrhaftig und zuverlässig.«
[27]Aber sie verstanden noch immer nicht, dass Jesus von Gott, seinem
Vater, sprach. [28]Deshalb erklärte er ihnen: »Wenn ihr den Menschen-
sohn erhöht habt, werdet ihr erkennen, wer ich bin, und einsehen, dass
ich nichts von mir aus tue, sondern weitergebe, was mir mein Vater
gesagt hat. [29]Er, der mich gesandt hat, ist bei mir und lässt mich nie
allein, weil ich immer das tue, was ihm gefällt.« [30]Nach diesen Worten
glaubten viele an Jesus.

## Wer sündigt, ist ein Gefangener der Sünde

[31]Zu den Juden, die nun an ihn glaubten, sagte Jesus: »Wenn ihr an
meinen Worten festhaltet und das tut, was ich euch gesagt habe, dann
gehört ihr wirklich zu mir. [32]Ihr werdet die Wahrheit erkennen, und die
Wahrheit wird euch befreien!«
[33]»Aber wir sind Nachkommen Abrahams und niemals Sklaven gewe-
sen«, wandten sie ein. »Wovon sollen wir eigentlich befreit werden?«

34 Jesus erwiderte ihnen: »Ich sage euch die Wahrheit: Jeder, der sün-
digt, ist ein Gefangener der Sünde. 35 Ein Sklave kann sich nicht darauf
verlassen, dass er immer in dem Haus bleibt, in dem er arbeitet. Dieses
Recht hat nur der Sohn der Familie. 36 Wenn euch also der Sohn Gottes
befreit, dann seid ihr wirklich frei.

37 Ich weiß natürlich auch, dass ihr Nachkommen Abrahams seid. Und
trotzdem wollt ihr mich töten, weil ihr meine Worte nicht zu Herzen
nehmt. 38 Ich spreche von dem, was ich bei meinem Vater gesehen habe.
Und ihr tut, was ihr von eurem Vater gehört habt.«

39 »Unser Vater ist Abraham«, erklärten sie. »Nein«, widersprach
ihnen Jesus, »wenn er es wirklich wäre, würdet ihr auch so handeln
wie er. 40 Weil ich euch die Wahrheit sage, die ich von Gott gehört habe,
wollt ihr mich töten. Das hätte Abraham nie getan. 41 Nein, ihr handelt
genau wie euer wirklicher Vater.« »Wir sind doch schließlich nicht im
Ehebruch gezeugt worden«, wandten sie ein. »Wir haben nur einen
Vater: Gott selbst!«

42 Doch Jesus entgegnete ihnen: »Wenn es tatsächlich so wäre, dann
würdet ihr mich lieben; denn ich komme ja von Gott zu euch; in sei-
nem Auftrag und nicht aus eigenem Entschluss. 43 Aber ich will euch
sagen, weshalb ihr mich nicht versteht: weil ihr meine Worte überhaupt
nicht hören könnt! 44 Denn ihr seid Kinder des Teufels. Und deshalb
handelt ihr so, wie es eurem Vater gefällt. Der war schon von Anfang
an ein Mörder, wollte mit der Wahrheit nichts zu tun haben und war
ihr schlimmster Feind. Sein ganzes Wesen ist Lüge, er ist der Lügner
schlechthin – ja, der Vater jeder Lüge.

45 Mir aber glaubt ihr nicht, weil ich die Wahrheit sage. 46 Oder kann
mir einer von euch auch nur eine einzige Sünde nachweisen? Wenn ich
euch die Wahrheit sage, warum glaubt ihr mir dann nicht? 47 Wer Gott
zum Vater hat, der hört, was Gott sagt. Ihr aber habt Gott nicht zum
Vater, und deshalb hört ihr auch seine Worte nicht.«

## Jesus, ein Gotteslästerer?

48 »Also hatten wir doch Recht«, schimpften die Juden. »Du bist ein
Samariter, von bösen Geistern besessen!«

49»Nein«, antwortete Jesus, »ich habe keinen bösen Geist, sondern
ich ehre meinen Vater. Aber ihr zieht meine Ehre in den Schmutz.
50Trotzdem suche ich nicht meine eigene Ehre. Gott will, dass ihr mich
anerkennt. Er wird auch das Urteil über euch sprechen. 51Ich sage euch
die Wahrheit: Wer meine Botschaft annimmt und danach lebt, wird
niemals sterben.«

52Verärgert riefen die Juden: »Jetzt hast du dich verraten: Du wirst
von einem Dämon beherrscht! Selbst Abraham und die Propheten sind
gestorben. Und da willst du behaupten: ›Wer nach meiner Botschaft
lebt, wird niemals sterben.‹ ? 53Bist du etwa mehr als unser Vater
Abraham, der doch auch gestorben ist? Oder willst du mehr sein als
die Propheten, die schließlich alle sterben mussten? Was bildest du dir
eigentlich ein?«

54Jesus entgegnete: »Würde ich mich selbst loben, könntet ihr mir zu
Recht misstrauen. Aber mich ehrt mein Vater. Ihr nennt ihn zwar euren
Gott. 55Doch ihr kennt ihn überhaupt nicht. Ich kenne ihn. Wenn ich
sagen würde, ich kenne ihn nicht, dann wäre ich ein Lügner wie ihr.
Doch ich kenne ihn und erfülle seinen Auftrag. 56Euer Vater Abraham
freute sich auf den Tag, an dem ich kommen würde. Er hat mein Kom-
men gesehen und war froh darüber.«

57»Was?«, fragten die Juden befremdet. »Du bist noch nicht einmal
fünfzig Jahre alt und willst Abraham gesehen haben?« 58Jesus entgegne-
te ihnen: »Ich sage euch die Wahrheit: Lange bevor Abraham überhaupt
geboren wurde, war ich da.« 59Zornig griffen sie nach Steinen, um Jesus
zu töten. Aber er entkam ihnen und verließ den Tempel.

## Jesus heilt einen Blinden

9 Unterwegs sah Jesus einen Mann, der von Geburt an blind war.
2»Meister«, fragten die Jünger, »wer ist schuld daran, dass dieser
Mann blind ist? Hat er selbst Schuld auf sich geladen oder seine El-
tern?« 3»Weder noch«, antwortete Jesus. »Vielmehr soll an ihm die
Macht Gottes sichtbar werden. 4Ich muss die Aufgaben, die Gott mir
gegeben hat, erfüllen, solange es Tag ist. Bald kommt die Nacht, in der

niemand mehr etwas tun kann. 5Doch solange ich in der Welt bin, werde ich für diese Welt das Licht sein.«

6Er spuckte auf die Erde, rührte mit dem Speichel einen Brei an und strich ihn auf die Augen des Blinden. 7Dann forderte er ihn auf: »Geh jetzt zum Teich Siloah, und wasch dich dort.« (Siloah heißt: »Der Gesandte.«) Der Blinde ging hin, wusch sich, und als er zurückkam, konnte er sehen.

8Seine Nachbarn und andere Leute, die ihn als blinden Bettler kannten, fragten erstaunt: »Ist das nicht der Mann, der immer an der Straße saß und bettelte?« 9Einige meinten: »Er ist es.« Aber andere konnten es einfach nicht glauben und behaupteten: »Das ist unmöglich! Er sieht ihm nur sehr ähnlich.« »Doch, ich bin es«, bestätigte der Mann selbst. 10Da fragten sie ihn: »Wie kommt es, dass du plötzlich sehen kannst?«

11Er berichtete: »Der Mann, der Jesus heißt, machte einen Brei und strich ihn auf meine Augen. Dann schickte er mich zum Teich Siloah. Dort sollte ich den Brei abwaschen. Das habe ich getan, und jetzt kann ich sehen!« 12»Wo ist denn dieser Jesus?«, fragten sie weiter. »Das weiß ich nicht«, gab er ihnen zur Antwort.

## Das Verhör der Pharisäer

13Sie brachten den von seiner Blindheit geheilten Mann zu den Pharisäern. 14Es war nämlich gerade Sabbat, als Jesus den Brei gemacht und den Blinden geheilt hatte. 15Die Pharisäer fragten ihn: »Wie kommt es, dass du jetzt sehen kannst?« Der Mann erzählte: »Jesus strich einen Brei auf meine Augen. Ich habe mich dann gewaschen, und nun kann ich sehen.« 16Einige der Pharisäer meinten: »Von Gott kann dieser Mann nicht kommen, denn er hält sich nicht an die Sabbatgebote.« Andere aber wandten ein: »Wie kann ein sündiger Mensch solche Taten vollbringen?« So gingen ihre Meinungen auseinander.

17Dann erkundigten sich die Pharisäer noch einmal bei dem Mann, der blind gewesen war: »Durch ihn kannst du jetzt also sehen? Was meinst denn du, wer dieser Mann ist?« »Er ist ein von Gott gesandter Prophet«, antwortete er. 18Doch die Pharisäer wollten nicht glauben, dass er überhaupt blind gewesen war. Sie ließen deshalb seine Eltern

holen 19und verhörten sie: »Ist das euer Sohn? Stimmt es, dass er von
Geburt an blind war? Wie kommt es, dass er jetzt sehen kann?«

20Die Eltern antworteten: »Ja, das ist unser Sohn, und er war von
Geburt an blind. Das wissen wir genau. 21Aber wie es kommt, dass
er sehen kann, wissen wir nicht. Wir haben auch keine Ahnung, wer
ihn geheilt hat. Fragt ihn doch selbst! Er ist alt genug und kann euch
am besten Auskunft geben.« 22Diese ausweichende Antwort gaben die
Eltern, weil sie vor den führenden Männern der Juden Angst hatten.
Denn die hatten beschlossen, jeden aus der Synagoge auszuschließen,
der Jesus als den versprochenen Retter anerkannte. 23Nur deshalb hat-
ten die Eltern gesagt: »Er ist alt genug. Fragt ihn selbst.«

24Die Pharisäer verhörten den Geheilten zum zweiten Mal. Sie
versuchten, ihn einzuschüchtern: »Bekenne dich zu Gott, und sag
die Wahrheit! Wir wissen, dass dieser Jesus ein sündiger Mensch ist.«
25»Ob er ein Sünder ist oder nicht, das weiß ich nicht«, antwortete der
Mann. »Ich weiß nur eins: Ich war blind, und jetzt kann ich sehen!«
26»Aber was hat er denn gemacht? Wie hat er dich geheilt?«, versuchten
sie erneut herauszubekommen.

27Verärgert erwiderte der Mann: »Das habe ich euch doch schon
gesagt, habt ihr nicht zugehört? Warum soll ich alles noch einmal
erzählen? Wollt ihr etwa auch seine Jünger werden?« 28Da wurden sie
zornig und schrien ihn an: »Du bist sein Jünger! Wir sind Moses Jünger.
29Von Mose wissen wir, dass Gott zu ihm geredet hat. Aber von diesem
Menschen wissen wir noch nicht einmal, wo er herkommt.«

30»Das ist ja merkwürdig!«, entgegnete der Mann. »Er hat mich von
meiner Blindheit geheilt, und ihr wisst nicht, woher er kommt? 31Wir
wissen doch alle, dass Gott die Gebete der Sünder nicht erhört. Aber
wer nach seinem Willen lebt, den erhört er. 32Noch nie, seit die Welt
besteht, hat jemand einem von Geburt an Blinden das Augenlicht ge-
schenkt. 33Wenn dieser Mann nicht von Gott käme, könnte er das doch
gar nicht tun.« 34Wütend schrien sie ihn an: »Du bist doch schon von
Geburt an ein Sünder und willst uns belehren?« Dann schlossen sie ihn
aus der jüdischen Gemeinschaft aus.

## Die Blindheit der Sehenden

[35]Jesus hörte, dass sie den Geheilten aus der Synagoge ausgeschlossen hatten. Als er den Mann wieder traf, fragte er ihn: »Glaubst du an den Menschensohn?« [36]»Sag mir, wer es ist, damit ich an ihn glauben kann!«, erwiderte der Geheilte. [37]»Du hast ihn schon gesehen, und in diesem Augenblick spricht er mit dir!«, gab sich Jesus zu erkennen. [38]»Ja, Herr«, rief jetzt der Mann, »ich glaube!« Und er warf sich vor Jesus nieder.

[39]Jesus sagte: »Ich bin in diese Welt gekommen, damit sich an mir die Geister scheiden. Blinde sollen sehen können; aber alle Sehenden sollen blind werden.« [40]Einige Pharisäer standen dabei und fragten ihn: »Soll das etwa heißen, dass wir blind sind?« [41]Jesus antwortete: »Wärt ihr tatsächlich blind, dann träfe euch keine Schuld. Aber ihr sagt ja: ›Wir sehen.‹ Deshalb kann euch niemand eure Schuld abnehmen.«

## Der gute Hirte

**10** Weiter sagte Jesus: »Ich sage euch die Wahrheit: Wer nicht durch die Tür in den Schafstall geht, sondern heimlich einsteigt, der ist ein Dieb und Räuber. [2]Der Hirte geht durch die Tür zu seinen Schafen. [3]Ihm öffnet der Wächter die Tür, und die Schafe erkennen ihn schon an seiner Stimme. Dann ruft der Hirte jedes mit seinem Namen und führt sie auf die Weide. [4]Wenn seine Schafe den Stall verlassen haben, geht er vor ihnen her, und die Schafe folgen ihm, weil sie seine Stimme kennen. [5]Einem Fremden würden sie niemals folgen. Ihm laufen sie davon, weil sie seine Stimme nicht kennen.«

[6]Die Leute, denen Jesus dieses Gleichnis erzählte, verstanden nicht, was er damit meinte. [7]Deshalb erklärte er ihnen: »Ich sage euch die Wahrheit: Ich selbst bin die Tür, die zu den Schafen führt. [8]Alle, die sich vor mir als eure Hirten ausgaben, waren Diebe und Räuber. Aber die Schafe haben nicht auf sie gehört. [9]Ich allein bin die Tür. Wer durch mich zu meiner Herde kommt, der wird gerettet werden. Er kann durch diese Tür ein- und ausgehen, und er wird saftig grüne Weiden finden. [10]Der Dieb kommt, um zu stehlen, zu schlachten und zu vernichten. Ich aber bringe Leben – und dies im Überfluss.

11Ich bin der gute Hirte. Ein guter Hirte setzt sein Leben für die
Schafe ein. 12Anders ist es mit einem, dem die Schafe nicht gehören
und der nur wegen des Geldes als Hirte arbeitet. Er wird fliehen, wenn
der Wolf kommt, und die Schafe sich selbst überlassen. Der Wolf wird
über die Schafe herfallen und die Herde auseinander jagen. 13Einem
solchen Mann liegt nichts an den Schafen. 14Ich aber bin der gute Hirte
und kenne meine Schafe, und sie kennen mich; 15genauso wie mich
mein Vater kennt und ich den Vater kenne. Ich gebe mein Leben für
die Schafe.

16Zu meiner Herde gehören auch Schafe, die jetzt noch in anderen
Ställen sind. Auch sie muss ich herführen, und sie werden wie die übrigen meiner Stimme folgen. Dann wird es nur noch eine Herde und einen Hirten geben.

17Der Vater liebt mich, weil ich mein Leben hingebe, um es neu zu
empfangen. 18Niemand nimmt mir mein Leben, ich gebe es freiwillig.
Ich habe die Macht und die Freiheit, es zu geben und zu nehmen. Das
ist der Auftrag, den mir mein Vater gegeben hat.«

19Da fingen die Juden wieder an, sich über Jesus zu streiten. 20Die
meisten sagten: »Er ist von einem bösen Geist besessen! Er ist wahnsinnig! Weshalb hört ihr ihm überhaupt noch zu?« 21Andere aber meinten:
»So spricht doch kein Besessener! Kann denn ein böser Geist einen
Blinden heilen?«

## Jesus im Kreuzverhör

22Es war Winter. In Jerusalem feierte man das Fest der Tempelweihe.
23Jesus hielt sich gerade im Tempel auf, in der Halle Salomos, 24als die
Juden ihn umringten und fragten: »Wie lange lässt du uns noch im Ungewissen? Wenn du Christus bist, dann sag uns das ganz offen!«

25»Ich habe es euch schon gesagt, aber ihr wollt mir ja nicht glauben«, antwortete Jesus. »All das, was ich im Auftrag meines Vaters
getan habe, sollte als Beweis genügen. 26Aber ihr glaubt mir nicht, denn
ihr gehört nicht zu meiner Herde. Das habe ich euch bereits gesagt.
27Meine Schafe erkennen meine Stimme; ich kenne sie, und sie folgen
meinem Ruf. 28Ihnen gebe ich das ewige Leben, und sie werden niemals

umkommen. Niemand kann sie aus meiner Hand reißen. [29]Mein Vater hat sie mir gegeben, und er ist stärker als alle anderen Mächte. Deshalb kann sie auch keiner der Hand meines Vaters entreißen. [30]Ich und der Vater sind eins.«

[31]Wütend griffen da die Juden wieder nach Steinen, um ihn zu töten. [32]Jesus aber sagte: »In Gottes Auftrag habe ich viele gute Taten vollbracht. Für welche wollt ihr mich töten?« [33]»Nicht wegen einer guten Tat sollst du sterben«, antworteten sie, »sondern weil du nicht aufhörst, Gott zu lästern. Du bist nur ein Mensch und behauptest trotzdem, Gott zu sein!«

[34]Jesus entgegnete: »Heißt es nicht in eurem Gesetz: ›Ich habe zu euch gesagt: Ihr seid Götter‹? [35]Gott nennt die schon Götter, an die er sein Wort richtet. Und ihr wollt doch nicht etwa die Heilige Schrift für ungültig erklären? [36]Wie könnt ihr den, der von Gott selbst auserwählt und in die Welt gesandt wurde, als Gotteslästerer beschimpfen, nur weil er sagt: ›Ich bin Gottes Sohn‹ ? [37]Wenn ich nicht das tue, was mein Vater will, braucht ihr mir nicht zu glauben. [38]Tue ich es aber, dann glaubt doch wenigstens diesen Taten, wenn ihr schon mir nicht glauben wollt! Dann werdet ihr endlich erkennen und glauben, dass der Vater in mir ist und ich im Vater bin!«

[39]Da versuchten sie wieder, Jesus festzunehmen, aber er konnte ihnen entkommen. [40]Er ging auf die andere Seite des Jordan zurück und hielt sich dort auf, wo Johannes früher getauft hatte. [41]Viele Menschen folgten ihm. »Johannes hat zwar keine Wunder getan«, meinten sie untereinander, »aber alles, was er von diesem Mann gesagt hat, ist wahr!« [42]So glaubten dort viele an Jesus.

## Die Auferweckung des Lazarus

**11** Ein Mann namens Lazarus, der in Betanien wohnte, war schwer erkrankt. Im selben Dorf wohnten auch seine Schwestern Maria und Marta. [2]Maria war es gewesen, die mit kostbarem Salböl die Füße des Herrn übergossen und sie mit ihrem Haar getrocknet hatte. Weil ihr Bruder Lazarus so krank war, [3]ließen die beiden Schwestern Jesus mitteilen: »Herr, dein Freund Lazarus ist schwer erkrankt!« [4]Als

Jesus das hörte, sagte er: »Diese Krankheit führt letztlich nicht zum
Tod, sondern durch sie soll die Macht Gottes sichtbar werden, und auch
der Sohn Gottes wird dadurch geehrt.«

5Jesus liebte Marta, ihre Schwester Maria und Lazarus. 6Aber obwohl
er nun wusste, dass Lazarus schwer krank war, wartete er noch zwei
Tage. 7Erst danach sagte er zu seinen Jüngern: »Wir wollen wieder nach
Judäa gehen.« 8Doch seine Jünger wandten ein: »Meister, vor kurzem
haben die Leute in Judäa versucht, dich umzubringen. Und jetzt willst
du wieder dorthin?« 9Jesus antwortete: »Zwölf Stunden am Tag ist es
hell. Wer sicher laufen will, muss diese Zeit nutzen; denn nur bei Ta-
geslicht sieht er den Weg. 10Wer nachts unterwegs ist, stolpert in der
Dunkelheit, weil das Licht nicht bei ihm ist.«

11Nachdem er das seinen Jüngern gesagt hatte, meinte er: »Unser
Freund Lazarus ist eingeschlafen, aber ich will hingehen und ihn aufwe-
cken!« 12Die Jünger erwiderten: »Wenn er schläft, wird er bald wieder
gesund sein.« 13Sie glaubten nämlich, Jesus hätte vom gewöhnlichen
Schlaf gesprochen, aber er redete vom Tod des Lazarus.

14Deshalb sagte Jesus ihnen offen: »Lazarus ist tot! 15Doch euretwe-
gen bin ich froh, dass ich nicht bei ihm gewesen bin. Denn nun könnt
ihr lernen, was Glauben heißt. Wir wollen jetzt gemeinsam zu ihm
gehen!« 16Thomas, den man auch den Zwilling nannte, sagte zu den
anderen Jüngern: »Ja, lasst uns mit Jesus nach Judäa gehen und dort
mit ihm sterben.«

17Als sie in Betanien ankamen, lag Lazarus schon vier Tage im Grab.
18Betanien ist weniger als drei Kilometer von Jerusalem entfernt.
19Deswegen waren viele Juden zu Maria und Marta gekommen, um die
beiden zu trösten. 20Als Marta hörte, dass Jesus auf dem Weg zu ihnen
war, lief sie ihm entgegen. Maria aber blieb zu Hause.

21Marta sagte zu Jesus: »Herr, wärst du hier gewesen, würde mein
Bruder noch leben. 22Aber auch jetzt weiß ich, dass Gott dir alles geben
wird, worum du ihn bittest.« 23»Dein Bruder wird auferstehen!«, versi-
cherte ihr Jesus. 24»Ja, ich weiß«, sagte Marta, »am letzten Tag, am Tag
der Auferstehung.«

25 Darauf erwiderte ihr Jesus: »Ich bin die Auferstehung, und ich bin
das Leben. Wer mir vertraut, der wird leben, selbst wenn er stirbt.
26 Und wer lebt und mir vertraut, wird niemals sterben. Glaubst du
das?« 27 »Ja, Herr«, antwortete ihm Marta. »Ich glaube, dass du Christus
bist, der Sohn Gottes, auf den wir so lange gewartet haben.«

28 Jetzt lief Marta zu ihrer Schwester Maria. Ohne dass die übrigen
Trauergäste es merkten, flüsterte sie ihr zu: »Unser Lehrer ist da und
will dich sprechen!« 29 Maria stand sofort auf und lief ihm entgegen.
30 Jesus hatte das Dorf noch nicht erreicht, sondern war dort geblieben,
wo Marta ihn getroffen hatte. 31 Als Maria aufsprang und eilig das Haus
verließ, meinten die Juden, die Maria trösten wollten: »Sie will am Grab
weinen.« Darum standen sie auf und folgten ihr.

32 Aber Maria lief zu Jesus. Sie fiel vor ihm nieder und rief: »Herr,
wenn du da gewesen wärst, würde mein Bruder noch leben!«

33 Jesus sah, wie sie und die Trauergäste weinten. Da war er tief be-
wegt und erschüttert. 34 »Wo habt ihr ihn hingelegt?«, fragte er.

Sie antworteten: »Komm, Herr, wir zeigen es dir!« 35 Auch Jesus
kamen die Tränen. 36 »Seht«, sagten die Juden, »er muss ihn sehr lieb
gehabt haben!« 37 Doch einige meinten: »Einen Blinden hat er sehend
gemacht. Hätte er nicht verhindern können, dass Lazarus starb?«

38 Da war Jesus erneut tief bewegt. Er trat an das Grab. Es war eine
Höhle, die man mit einem großen Stein verschlossen hatte. 39 »Hebt den
Stein weg!«, befahl Jesus. Aber Marta, die Schwester des Verstorbenen,
sagte: »Herr, der Geruch wird unerträglich sein! Er ist doch schon vier
Tage tot!«

40 »Habe ich dir nicht gesagt«, entgegnete ihr Jesus, »du wirst die
Herrlichkeit Gottes sehen, wenn du nur glaubst?«

41 Sie schoben den Stein weg. Jesus sah zum Himmel auf und betete:
»Vater, ich danke dir, dass du mein Gebet erhört hast! 42 Ich weiß, dass
du mich immer erhörst, aber ich sage es wegen der vielen Menschen,
die hier stehen. Sie sollen alles miterleben und glauben, dass du mich
gesandt hast.«

43 Dann rief er laut: »Lazarus, komm heraus!« 44 Und Lazarus kam
heraus. Hände und Füße waren mit Grabtüchern umwickelt, und auch

sein Gesicht war mit einem Tuch verhüllt. »Nehmt ihm die Tücher ab«,
forderte Jesus die Leute auf, »und lasst ihn gehen.«

### Einer soll für alle sterben

45 Viele von den Juden, die bei Maria gewesen waren, glaubten an Jesus,
nachdem sie gesehen hatten, was er tat. 46 Aber einige liefen schnell zu
den Pharisäern und berichteten ihnen alles.

47 Darauf beriefen die Hohenpriester und Pharisäer eine Sitzung des
Hohen Rates ein. Sie fragten sich: »Was sollen wir bloß tun? Dieser
Jesus vollbringt viele Wunder, 48 und wenn wir nichts gegen ihn unter-
nehmen, wird bald das ganze Volk an ihn glauben. Dann werden die
Römer eingreifen, und schließlich haben wir keinen Tempel mehr und
auch keine Macht über das Volk.«

49 Einer von ihnen, Kaiphas, der in diesem Jahr Hoherpriester war,
sagte: »Ihr begreift gar nichts! 50 Überlegt doch einmal: Für uns alle
ist es besser, wenn einer für das Volk stirbt, als dass ein ganzes Volk
zugrunde geht.« 51 Kaiphas sprach damit etwas aus, was nicht aus ihm
selbst kam. Er war in diesem Jahr Hoherpriester, und Gott hatte ihm
diese Worte in den Mund gelegt. Denn Jesus sollte für das Volk sterben
– 52 aber nicht allein für das jüdische Volk. Alle Kinder Gottes aus allen
Völkern sollten durch ihn zusammengeführt werden.

53 Von dem Tag an waren die führenden Männer der Juden fest
entschlossen, Jesus zu töten. 54 Deshalb vermied es Jesus, sich in der
Öffentlichkeit sehen zu lassen. Er zog sich nach Ephraim zurück, eine
Stadt am Rand der Wüste. Dort blieb er mit seinen Jüngern.

55 Es war kurz vor dem jüdischen Passahfest. Aus dem ganzen Land
zogen die Leute nach Jerusalem, um schon vor Beginn des Festes
die Reinigungsvorschriften zu erfüllen. 56 Sie alle wollten Jesus gern
sehen und suchten ihn. Als sie im Tempel zusammenstanden, fragte
einer den anderen: »Was meint ihr, wird er wohl zum Fest kommen?«
57 Inzwischen hatten die Hohenpriester und Pharisäer nämlich den
Befehl erlassen, dass jeder Jesus sofort anzeigen musste, der seinen
Aufenthaltsort kannte; denn sie wollten ihn unbedingt festnehmen.

## Ein Vermögen für Jesus

**12** Sechs Tage vor Beginn des Passahfestes kam Jesus wieder nach
Betanien, wo er Lazarus von den Toten auferweckt hatte. 2 Jesus
zu Ehren hatte man dort ein Festmahl vorbereitet. Marta half beim Be-
dienen, während Lazarus unter den Gästen war, die mit Jesus aßen. 3 Da
nahm Maria ein Fläschchen mit reinem, kostbarem Nardenöl, goss es
über die Füße Jesu und trocknete sie mit ihrem Haar. Der Duft des Öls
erfüllte das ganze Haus.

4 Aber einer von seinen Jüngern, Judas Iskariot, der ihn später verriet,
meinte entrüstet: 5 »Das Öl hätte man besser für dreihundert Silberstü-
cke verkauft und das Geld den Armen gegeben.« 6 In Wirklichkeit ging
es ihm aber nicht um die Armen, sondern um das Geld. Er verwaltete
die gemeinsame Kasse und hatte schon oft etwas für sich selbst daraus
genommen. 7 Jesus erwiderte: »Lass sie doch! Maria hat damit nur die
Salbung für mein Begräbnis vorweggenommen. 8 Arme, die eure Hilfe
nötig haben, wird es immer geben, ich dagegen bin nicht mehr lange
bei euch.«

9 Als sich herumgesprochen hatte, wo Jesus war, liefen viele Men-
schen nach Betanien. Sie kamen nicht nur, um Jesus zu sehen, sondern
auch wegen Lazarus, den Jesus von den Toten auferweckt hatte. 10 Da
beschlossen die Hohenpriester, auch Lazarus zu töten; 11 denn seinet-
wegen glaubten viele Juden an Jesus.

## Jesus wird als König empfangen

12 Am nächsten Tag verbreitete sich unter der Volksmenge, die zum
Passahfest gekommen war, die Nachricht: Jesus ist auf dem Weg nach
Jerusalem. 13 Da nahmen die Menschen Palmenzweige, liefen Jesus
entgegen und riefen ihm begeistert zu: »Gepriesen sei Gott! Gelobt
sei, der in Gottes Auftrag kommt, der König von Israel!« 14 Jesus ritt auf
einem Eselfohlen in die Stadt. Damit erfüllte sich das Prophetenwort:
15 »Fürchte dich nicht, du Stadt auf dem Berg Zion! Dein König kommt!
Er reitet auf einem Eselfohlen.« 16 Doch das verstanden seine Jünger
damals noch nicht. Erst nachdem Jesus in Gottes Herrlichkeit zurück-

gekehrt war, begriffen sie, dass sich an diesem Tag die Voraussage der
Heiligen Schrift erfüllt hatte.

17Alle, die dabei gewesen waren, als Jesus Lazarus aus dem Grab
gerufen und wieder zum Leben erweckt hatte, hatten es weitererzählt.
18Deswegen liefen Jesus auch so viele Menschen entgegen. Sie wollten
den Mann sehen, der solche Wunder vollbrachte. 19Nur die Pharisäer
warfen sich gegenseitig vor: »Nun seht ihr, dass ihr so nichts erreicht!
Alle Welt rennt ihm hinterher!«

## »Wir möchten Jesus kennen lernen!«

20Unter den Festbesuchern waren auch einige Griechen. 21Sie kamen
zu Philippus, der aus Betsaida in Galiläa stammte, und baten ihn: »Herr,
wir möchten Jesus kennen lernen!« 22Philippus sprach mit Andreas
darüber, dann gingen sie gemeinsam zu Jesus.

23Er sagte ihnen: »Die Stunde ist gekommen. Jetzt soll der Men-
schensohn gerühmt und geehrt werden. 24Ich sage euch die Wahrheit:
Ein Weizenkorn, das nicht in den Boden kommt und stirbt, bleibt ein
einzelnes Korn. In der Erde aber keimt es und bringt viel Frucht, ob-
wohl es selbst dabei stirbt. 25Wer an seinem Leben festhält, wird es ver-
lieren. Wer aber sein Leben loslässt, wird es für alle Ewigkeit gewinnen.
26Wer mir dienen will, der soll mir folgen. Denn wo ich bin, soll er auch
sein. Und wer mir dient, den wird mein Vater ehren.«

## Jesus spricht von seinem nahen Tod

27»Jetzt habe ich große Angst. Soll ich deshalb beten: Vater, bewahre
mich vor dem, was bald auf mich zukommt? Nein, denn ich bin in die
Welt gekommen, um diese Stunde zu durchleiden. 28Vater, lass deinen
Namen gerühmt und geehrt werden!« Da erklang eine Stimme vom
Himmel: »Das habe ich bisher schon getan, und ich werde ihn wieder
zu großer Ehre bringen!«

29Die Menschen um Jesus hatten die Stimme gehört und meinten:
»Es hat gedonnert!« Andere behaupteten: »Ein Engel hat mit ihm ge-
redet.« 30Doch Jesus entgegnete: »Diese Stimme hat euch gegolten,
nicht mir. 31Jetzt wird über diese Welt Gericht gehalten; jetzt wird der

Teufel, der Herrscher dieser Welt, entmachtet. [32]Wenn ich aber erhöht
sein werde, werde ich dafür sorgen, dass alle bei mir sind.« [33]Auf diese
Weise deutete Jesus seinen Tod am Kreuz an.

[34]Viele der Versammelten wandten ein: »Aus dem Gesetz wissen wir
doch, dass Christus für immer bei uns bleiben wird. Wie kannst du
dann sagen: ›Der Menschensohn muss erhöht werden‹? Wer ist eigent-
lich dieser Menschensohn?« [35]Jesus erwiderte: »Das Licht ist nur noch
kurze Zeit bei euch. Nutzt diese Zeit, macht euch auf den Weg, bevor
euch die Dunkelheit überfällt. Wer im Dunkeln geht, kann weder Weg
noch Ziel erkennen. [36]Vertraut euch dem Licht an, solange ihr es habt,
dann werdet ihr im Licht leben.«

## Nur wenige glauben

Nach diesen Worten verließ Jesus die Menge und versteckte sich
vor den Leuten. [37]Trotz aller Wunder, die er getan hatte, glaubten die
Menschen nicht an ihn. [38]So sollte sich erfüllen, was der Prophet Jesaja
vorhergesagt hatte: »Herr, wer glaubt denn unserer Botschaft? Wer er-
kennt, dass Gott es ist, der diese mächtigen Taten vollbringt?« [39]Jesaja
hat auch den Grund genannt, weshalb sie nicht glauben konnten:
[40]»Gott hat ihre Augen geblendet und ihre Herzen verschlossen. Des-
halb sehen sie nicht und sind nicht einsichtig. Sie wollen nicht zu mir
umkehren, darum kann ich ihnen nicht helfen und sie heilen.« [41]Jesaja
konnte so reden, weil er die Herrlichkeit des Christus gesehen hatte.

[42]Und doch gab es unter den führenden Männern des Volkes viele,
die an Jesus glaubten. Aber aus Angst vor den Pharisäern bekannten sie
sich nicht öffentlich zu ihm. Denn sie wollten nicht aus der Gemein-
schaft des jüdischen Volkes ausgeschlossen werden. [43]Ihnen bedeutete
die Zustimmung der Menschen mehr als das Ansehen bei Gott.

[44]Laut verkündete Jesus: »Wer an mich glaubt, der glaubt in Wahrheit
an den, der mich gesandt hat. [45]Und wenn ihr mich seht, dann seht ihr
den, der mich gesandt hat! [46]Ich bin als das Licht in die Welt gekom-
men, damit jeder, der an mich glaubt, nicht länger in der Dunkelheit
leben muss. [47]Wenn jemand auf meine Botschaft hört und nicht danach

handelt, so werde ich ihn nicht verurteilen. Denn ich bin nicht als
Richter der Welt gekommen, sondern als ihr Retter.
48Wer mich ablehnt und nicht nach meiner Botschaft lebt, der hat
schon seinen Richter gefunden. Was ich verkündet habe, wird ihn am
Tag des Gerichts verurteilen. 49Denn ich habe nicht eigenmächtig zu
euch geredet. Der Vater hat mich gesandt und mir gesagt, was ich reden
und verkünden soll. 50Und das ist gewiss: Was er mir aufgetragen hat,
euch zu sagen, führt euch zum ewigen Leben! Deshalb gebe ich euch
alles so weiter, wie der Vater es mir gesagt hat.«

## Jesus dient seinen Jüngern

13 Am Vorabend des Passahfestes wusste Jesus, dass nun die Zeit
gekommen war, diese Welt zu verlassen und zum Vater zurück-
zukehren. Er hatte die Menschen geliebt, die zu ihm gehörten, und er
hörte nicht auf, sie zu lieben. 2An diesem Abend aß Jesus zusammen
mit seinen Jüngern. Der Teufel hatte Judas, den Sohn von Simon Iskari-
ot, schon zum Verrat an Jesus verführt. 3Jesus aber wusste, dass der
Vater ihm alles in die Hand gegeben hatte, dass er von Gott gekommen
war und zu ihm zurückkehren würde. 4Da stand er vom Tisch auf, legte
sein Obergewand ab und band sich ein Tuch aus Leinen um. 5Er goss
Wasser in eine Schüssel und begann, seinen Jüngern die Füße zu wa-
schen und mit dem Tuch abzutrocknen.
6Als er zu Simon Petrus kam, wehrte dieser ab: »Herr, wie kommst du
dazu, mir die Füße zu waschen!« 7Jesus antwortete ihm: »Das verstehst
du jetzt noch nicht. Aber später wirst du es verstehen.« 8Doch Petrus
blieb dabei: »Niemals sollst du mir die Füße waschen!« Worauf Jesus er-
widerte: »Wenn ich dir nicht die Füße wasche, gehörst du nicht zu mir.«
9Da sagte Petrus: »Herr, dann wasch mir nicht nur die Füße, sondern
auch die Hände und das Gesicht!« 10Jesus antwortete: »Wer gebadet
hat, der ist ganz rein. Ihm braucht man nur noch den Straßenstaub
von den Füßen zu waschen. Ihr seid alle rein – außer einem.« 11Jesus
wusste nämlich, wer ihn verraten würde. Deshalb sagte er: »Ihr seid
nicht alle rein.«

[12]Nachdem Jesus ihnen die Füße gewaschen hatte, zog er sein Ober-
gewand wieder an, kehrte zu seinem Platz am Tisch zurück und fragte
seine Jünger: »Versteht ihr, was ich eben getan habe? [13]Ihr nennt mich
Meister und Herr. Das ist auch richtig so, denn ich bin es. [14]Wie ich,
euer Meister und Herr, euch jetzt die Füße gewaschen habe, so sollt
auch ihr euch gegenseitig die Füße waschen. [15]Ich habe euch damit ein
Beispiel gegeben, dem ihr folgen sollt. Handelt ebenso! [16]Ich sage euch
die Wahrheit: Ein Diener steht niemals höher als sein Herr, und ein Bot-
schafter untersteht dem, der ihn gesandt hat. [17]Wenn ihr das begreift
und danach handelt, wird man euch glücklich schätzen.

[18]Jetzt spreche ich nicht von euch allen; denn ich weiß, welche ich
als meine Jünger ausgewählt habe. Aber was in der Heiligen Schrift vor-
ausgesagt ist, muss sich erfüllen: ›Einer, der mit mir zusammen das Brot
isst, tritt mich mit Füßen.‹ [19]Schon jetzt kündige ich es euch an, damit
ihr auch dann, wenn es geschieht, ganz sicher wisst: Ich bin der, den
Gott gesandt hat. [20]Ich sage euch die Wahrheit: Wer einen Menschen
aufnimmt, den ich senden werde, der nimmt mich auf. Und wer mich
aufnimmt, der nimmt den Vater auf, der mich gesandt hat.«

## »Einer von euch wird mich verraten«

[21]Nachdem Jesus dies gesagt hatte, war er sehr erschüttert und bestä-
tigte: »Ja, es ist wahr: Einer von euch wird mich verraten!« [22]Die Jünger
sahen sich fragend an und rätselten, wen er meinte.

[23]Ganz nah bei Jesus hatte der Jünger seinen Platz, den Jesus am
meisten liebte. [24]Petrus winkte ihn zur Seite und sagte: »Frag du ihn,
wen er meint!« [25]Da beugte der Jünger sich zu Jesus hinüber und
fragte leise: »Herr, wer von uns ist es?« [26]Jesus antwortete ihm: »Es
ist der, dem ich das Brot geben werde, das ich jetzt in die Schüssel
eintauche.«

Darauf tauchte er das Brot ein und gab es Judas, dem Sohn des Si-
mon Iskariot. [27]Von diesem Augenblick an hatte Satan den Judas ganz
in seiner Gewalt. »Beeil dich, Judas! Erledige bald, was du tun willst!«,
forderte Jesus ihn auf.

28Keiner von den anderen am Tisch verstand, was Jesus mit diesen
Worten meinte. 29Manche dachten, Jesus hätte Judas hinausgeschickt,
um alles Nötige für das Fest einzukaufen oder den Armen etwas zu geben. Denn Judas verwaltete das Geld Jesu und seiner Jünger. 30Nachdem
Judas das Brot genommen hatte, eilte er hinaus in die Nacht.

## Das neue Gebot der Liebe

31Als Judas fort war, sagte Jesus: »Jetzt zeigt Gott, wer der Menschensohn wirklich ist, und dadurch wird auch die Herrlichkeit Gottes
sichtbar. 32Wenn der Menschensohn erst Gottes Herrlichkeit gezeigt
hat, dann wird auch Gott die Herrlichkeit des Menschensohns sichtbar
machen. Und das geschieht bald! 33Denn bei euch, meine lieben Kinder,
werde ich nur noch kurze Zeit sein. Ihr werdet mich suchen. Doch was
ich den Juden gesagt habe, muss ich jetzt auch euch sagen: Wohin ich
gehen werde, dahin könnt ihr mir nicht folgen. 34Heute gebe ich euch
ein neues Gebot: Liebt einander! So wie ich euch geliebt habe, so sollt
ihr euch auch untereinander lieben. 35An eurer Liebe zueinander wird
jeder erkennen, dass ihr meine Jünger seid.«

## Jesus kündigt die Verleugnung des Petrus an

36Da fragte ihn Petrus: »Herr, wohin gehst du?« Jesus antwortete ihm:
»Diesmal kannst du nicht mit mir kommen. Aber du wirst mir später
folgen.« 37»Lass mich doch jetzt bei dir bleiben«, bat ihn Petrus und
beteuerte: »Ich wäre sogar bereit, für dich zu sterben!«

38Da antwortete Jesus: »Du willst für mich sterben? Petrus, ich versichere dir: Ehe morgen früh der Hahn kräht, wirst du dreimal geleugnet haben, mich zu kennen!«

## Ohne Jesus kommt niemand zu Gott

**14** »Seid nicht bestürzt, und habt keine Angst!«, ermutigte Jesus
seine Jünger. »Vertraut Gott, und vertraut mir! 2Denn im Haus
meines Vaters gibt es viele Wohnungen. Sonst hätte ich euch nicht gesagt: Ich gehe hin, um dort alles für euch vorzubereiten. 3Und wenn

alles bereit ist, werde ich kommen und euch zu mir holen. Dann werdet auch ihr dort sein, wo ich bin. 4Den Weg dorthin kennt ihr ja.«

5»Nein, Herr«, widersprach ihm Thomas, »wir wissen nicht einmal, wohin du gehst! Wie sollen wir dann den Weg dorthin finden?« 6Jesus antwortete: »Ich bin der Weg, ich bin die Wahrheit, und ich bin das Leben! Ohne mich kann niemand zum Vater kommen. 7Kennt ihr mich, dann kennt ihr auch meinen Vater. Von jetzt an kennt ihr ihn; ja, ihr habt ihn schon gesehen!«

8Da bat Philippus: »Herr, zeig uns den Vater, dann sind wir zufrieden!« 9Jesus entgegnete ihm: »Ich bin nun schon so lange bei euch, und du kennst mich noch immer nicht, Philippus? Wer mich gesehen hat, der hat auch den Vater gesehen. Wie also kannst du bitten: ›Zeig uns den Vater‹ ? 10Glaubst du nicht, dass ich im Vater bin und der Vater in mir ist? Was ich euch sage, habe ich mir nicht selbst ausgedacht. Mein Vater, der in mir lebt, handelt durch mich. 11Glaubt mir doch, dass der Vater und ich eins sind. Und wenn ihr schon meinen Worten nicht glaubt, dann glaubt doch wenigstens meinen Taten!

12Ich sage euch die Wahrheit: Wer an mich glaubt, wird die gleichen Taten vollbringen wie ich – ja, sogar noch größere; denn ich gehe zum Vater. 13Worum ihr in meinem Namen bitten werdet, das werde ich tun, damit durch den Sohn die Herrlichkeit des Vaters sichtbar wird. 14Was ihr also in meinem Namen erbitten werdet, das werde ich tun.«

## Vom Geist der Wahrheit

15»Wenn ihr mich liebt, werdet ihr so leben, wie ich es euch gesagt habe. 16Dann werde ich den Vater bitten, dass er euch an meiner Stelle einen Helfer gibt, der für immer bei euch bleibt. 17Dies ist der Geist der Wahrheit. Die Welt kann ihn nicht aufnehmen, denn sie ist blind für ihn und erkennt ihn deshalb nicht. Aber ihr kennt ihn, denn er wird bei euch bleiben und in euch leben.

18Nein, ich lasse euch nicht allein zurück. Ich komme wieder zu euch. 19Schon bald werde ich nicht mehr auf dieser Welt sein, und niemand wird mich mehr sehen. Nur ihr, ihr werdet mich sehen. Und weil ich lebe, werdet auch ihr leben. 20Dann werdet ihr erkennen, dass

ich eins bin mit meinem Vater und dass ihr in mir seid und ich in euch
bin. 21Wer meine Gebote annimmt und danach lebt, der liebt mich. Und
wer mich liebt, den wird mein Vater lieben. Auch ich werde ihn lieben
und mich ihm zu erkennen geben.«
22Da fragte ihn Judas (nicht Judas Iskariot): »Herr, weshalb willst du
dich nur uns, deinen Jüngern, zu erkennen geben, warum nicht der
ganzen Welt?« 23Ihm antwortete Jesus: »Wer mich liebt, richtet sich
nach dem, was ich ihm gesagt habe. Auch mein Vater wird ihn lieben,
und wir beide werden zu ihm kommen und immer bei ihm bleiben.
24Wer mich aber nicht liebt, der lebt auch nicht nach dem, was ich sage.
Meine Worte kommen nicht von mir, sondern von meinem Vater, der
mich gesandt hat.
25Ich sage euch dies alles, solange ich noch bei euch bin. 26Der Hei-
lige Geist, den euch der Vater an meiner Stelle als Helfer senden wird,
er wird euch an all das erinnern, was ich euch gesagt habe, und euch
meine Worte erklären.
27Auch wenn ich nicht bei euch bleibe, sollt ihr doch Frieden haben.
Meinen Frieden gebe ich euch; einen Frieden, den euch niemand auf
der Welt geben kann. Seid deshalb ohne Sorge und Furcht!
28Ihr habt gehört, was ich euch gesagt habe: Ich gehe jetzt, aber ich
komme wieder. Wenn ihr mich wirklich lieben würdet, dann würdet ihr
euch darüber freuen, dass ich jetzt zum Vater gehe; denn er ist größer
als ich. 29Ich sage euch das alles, bevor es geschieht, damit ihr an mich
glaubt, wenn es eintrifft. 30Ich habe nicht mehr viel Zeit, mit euch zu
reden, denn der Teufel, der Herrscher dieser Welt, hat sich schon auf
den Weg gemacht. Er hat zwar keine Macht über mich, 31aber die Welt
soll erfahren, dass ich den Vater liebe. Deswegen werde ich das ausfüh-
ren, was Gott mir aufgetragen hat.
Und nun kommt, wir wollen gehen!«

## Der Weinstock und die Reben

15 »Ich bin der wahre Weinstock, und mein Vater ist der Weingärt-
ner. 2Alle Reben am Weinstock, die keine Trauben tragen,
schneidet er ab. Aber die Frucht tragenden Reben beschneidet er sorg-

fältig, damit sie noch mehr Frucht bringen. 3Ihr seid schon gute Reben, weil ihr meine Botschaft gehört habt. 4Bleibt fest mit mir verbunden, und ich werde ebenso mit euch verbunden bleiben! Denn so wie eine Rebe nur am Weinstock Früchte tragen kann, so werdet auch ihr nur Frucht bringen, wenn ihr mit mir verbunden bleibt.

5Ich bin der Weinstock, und ihr seid die Reben. Wer bei mir bleibt, so wie ich bei ihm bleibe, der trägt viel Frucht. Denn ohne mich könnt ihr nichts ausrichten. 6Wer ohne mich lebt, wird wie eine unfruchtbare Rebe abgeschnitten und weggeworfen. Die verdorrten Reben werden gesammelt, ins Feuer geworfen und verbrannt. 7Wenn ihr aber fest mit mir verbunden bleibt und euch meine Worte zu Herzen nehmt, dürft ihr von Gott erbitten, was ihr wollt; ihr werdet es erhalten. 8Wenn ihr viel Frucht bringt und euch so als meine Jünger erweist, wird die Herrlichkeit meines Vaters sichtbar.

9Wie mich der Vater liebt, so liebe ich euch. Bleibt in meiner Liebe! 10Wenn ihr nach meinen Geboten lebt, wird meine Liebe euch umschließen. Auch ich richte mich nach den Geboten meines Vaters und lebe in seiner Liebe. 11Das alles sage ich euch, damit meine Freude euch ganz erfüllt und eure Freude dadurch vollkommen wird. 12Und so lautet mein Gebot: Liebt einander, wie ich euch geliebt habe.

13Niemand liebt mehr als einer, der sein Leben für die Freunde hingibt. 14Und ihr seid meine Freunde, wenn ihr tut, was ich euch aufgetragen habe. 15Ich nenne euch nicht mehr Knechte; denn einem Knecht sagt der Herr nicht, was er vorhat. Ihr aber seid meine Freunde; denn ich habe euch alles anvertraut, was ich vom Vater gehört habe. 16Nicht ihr habt mich erwählt, sondern ich euch, damit ihr euch auf den Weg macht und Frucht bringt, die bleibt. Dann wird euch der Vater alles geben, worum ihr ihn in meinem Namen bittet. 17Ich sage euch noch einmal: Liebt einander!«

## Womit Jünger Jesu rechnen müssen

18»Wenn die Menschen euch hassen, dann vergesst nicht, dass man mich schon vor euch gehasst hat. 19Diese Welt würde euch lieben, wenn ihr zu ihr gehören würdet. Doch ihr gehört nicht mehr dazu. Ich

selbst habe euch aus der Welt herausgerufen. Darum hasst sie euch.
[20]Erinnert euch daran, dass ich gesagt habe: ›Ein Knecht steht niemals
höher als sein Herr!‹ Deshalb werden sie euch verfolgen, wie sie mich
verfolgt haben. Und wenn sie auf das gehört haben, was ich gesagt
habe, werden sie auch auf euch hören.

[21]Das alles wird mit euch geschehen, weil ihr zu mir gehört; denn die
Welt kennt Gott nicht, der mich gesandt hat. [22]Wäre ich nicht in diese
Welt gekommen und hätte die Menschen alles über Gott gelehrt, wären
sie nicht schuldig. Aber jetzt gibt es keine Entschuldigung mehr dafür,
dass sie Gott den Rücken kehren. [23]Denn wer mich hasst, der hasst
auch meinen Vater. [24]Wenn ich nicht vor aller Augen Gottes Wunder
vollbracht hätte, die kein anderer tun kann, wären sie ohne Schuld.
Aber nun haben sie alles miterlebt, und trotzdem hassen sie mich und
auch meinen Vater. [25]Dies geschieht, damit sich die Voraussage der Hei-
ligen Schrift erfüllt: ›Sie hassen mich ohne jeden Grund!‹

[26]Wenn ich beim Vater bin, will ich euch jemanden senden, der euch
zur Seite stehen wird, den Geist der Wahrheit. Er wird vom Vater kom-
men und bezeugen, wer ich bin. [27]Und auch ihr werdet meine Zeugen
sein, denn ihr seid von Anfang an bei mir gewesen.«

**16** »Ich sage euch das alles, damit ihr nicht an mir zu zweifeln be-
ginnt und aufgebt. [2]Denn man wird euch aus der Gemeinschaft
des jüdischen Volkes ausschließen. Ja, es wird so weit kommen, dass
man meint, Gott einen Dienst zu erweisen, wenn man euch tötet. [3]Zu
all dem werden Menschen fähig sein, weil sie meinen Vater und mich
nicht kennen.«

## Jesus lässt seine Jünger nicht allein zurück

[4]»Ich sage euch das, damit ihr nicht überrascht seid, wenn dies alles
eintrifft. Bisher war es nicht nötig, davon zu reden, weil ich ja bei
euch war. [5]Jetzt aber gehe ich zu dem, der mich gesandt hat. Keiner
von euch fragt mich, wohin ich gehe, [6]denn ihr seid voller Trauer über
das, was ich euch gesagt habe. [7]Doch ich sage euch die Wahrheit: Es
ist besser für euch, wenn ich gehe. Sonst käme der nicht, der euch an

meiner Stelle helfen soll. Wenn ich nicht mehr bei euch bin, werde
ich ihn zu euch senden. 8Und ist er erst gekommen, wird er den Men-
schen die Augen für ihre Sünde öffnen, für Gottes Gerechtigkeit und
sein Gericht. 9Ihre Sünde ist, dass sie nicht an mich glauben. 10Gottes
Gerechtigkeit zeigt sich darin, dass er sich zu mir bekennt und ich zum
Vater gehe, wenn ihr mich dann auch nicht mehr sehen werdet. 11Und
Gottes Gericht werden die Menschen daran erkennen, dass der Teufel,
der Herrscher dieser Welt, bereits verurteilt ist.

12Ich hätte euch noch viel mehr zu sagen, aber jetzt würde es euch
überfordern. 13Wenn aber der Geist der Wahrheit kommt, hilft er euch
dabei, die Wahrheit vollständig zu erfassen. Denn er redet nicht in sei-
nem eigenen Auftrag, sondern wird nur das sagen, was er gehört hat.
Auch was euch in Zukunft erwartet, wird er euch verkünden. 14So wird
er meine Herrlichkeit sichtbar machen; denn alles, was er euch zeigt,
kommt von mir. 15Was der Vater hat, gehört auch mir. Deshalb kann ich
mit Recht sagen: Alles, was er euch zeigt, kommt von mir.«

## »Eure Freude wird vollkommen sein«

16»Ich werde nur noch kurze Zeit bei euch sein. Bald nach meinem
Weggehen aber werdet ihr mich wiedersehen.«

17»Was meint er bloß damit?«, fragten sich die Jünger. »Was heißt: ›Ich
werde nur noch kurze Zeit bei euch sein! Aber bald darauf werdet ihr
mich wiedersehen‹ ? Und was bedeutet es, wenn er sagt: ›Ich gehe zum
Vater‹ ? 18Und was meint er mit ›nur noch kurze Zeit‹ ? Wir verstehen
das nicht.«

19Jesus merkte, dass sie ihn fragen wollten, und sagte: »Macht ihr
euch darüber Gedanken, dass ich angekündigt habe: ›Ich werde nur
noch kurze Zeit bei euch sein, aber bald darauf werdet ihr mich wieder-
sehen‹ ? 20Ich sage euch die Wahrheit: Ihr werdet weinen und klagen,
und die Menschen in dieser Welt werden sich darüber freuen. Ihr wer-
det traurig sein, doch eure Traurigkeit soll sich in Freude verwandeln!

21Es wird so sein wie bei einer Frau, die ein Kind bekommt: Sie hat
große Schmerzen, doch sobald ihr Kind geboren ist, sind Angst und
Schmerzen vergessen. Sie ist nur noch glücklich darüber, dass ihr

Kind zur Welt gekommen ist. [22]Auch ihr seid jetzt sehr traurig, aber
ich werde euch wiedersehen. Dann werdet ihr froh und glücklich sein,
und diese Freude kann euch niemand mehr nehmen. [23]Am Tag unseres
Wiedersehens werden all eure Fragen beantwortet sein.

Ich sage euch die Wahrheit: Wenn ihr den Vater um etwas bittet und
euch dabei auf mich beruft, wird er es euch geben. [24]Bisher habt ihr
in meinem Namen nichts von Gott erbeten. Bittet ihn, und er wird es
euch geben. Dann wird eure Freude vollkommen sein.«

## Lasst euch nicht entmutigen!

[25]»Bisher habe ich alles, was ich euch sagen wollte, anhand von Bei-
spielen erklärt. Aber schon bald wird das nicht mehr nötig sein. Dann
werde ich euch ohne Bilder und Umschreibungen zeigen, wer der Vater
ist. [26]Von diesem Tag an werdet ihr euch auf mich berufen, wenn ihr zu
ihm betet. Und dann muss ich den Vater nicht mehr bitten, euer Gebet
zu erhören. [27]Denn der Vater liebt euch, weil ihr mich liebt und daran
glaubt, dass ich von Gott gekommen bin. [28]Ja, ich war beim Vater und
bin in die Welt gekommen, und jetzt verlasse ich sie wieder, um zum
Vater zurückzukehren.«

[29]Seine Jünger erwiderten: »Jetzt redest du klar und deutlich zu uns,
ohne Gleichnisse und Bilder. [30]Wir haben nun erkannt, dass du alles
weißt, noch ehe wir dich fragen. Darum glauben wir dir, dass du von
Gott gekommen bist.«

[31]»Glaubt ihr wirklich?«, fragte Jesus. [32]»Ihr sollt nämlich wissen: Die
Zeit wird kommen – ja, sie ist schon da –, in der man euch auseinander
treibt. Ihr werdet euch in Sicherheit bringen und mich allein lassen.
Aber auch dann werde ich nicht allein sein, denn der Vater ist bei mir.

[33]Dies alles habe ich euch gesagt, damit ihr durch mich Frieden habt.
In der Welt habt ihr Angst, aber lasst euch nicht entmutigen: Ich habe
die Welt besiegt.«

## Jesus betet für seine Jünger

**17** Nach diesen Worten sah Jesus zum Himmel auf und betete:
»Vater, die Zeit ist gekommen! Lass jetzt die Herrlichkeit deines
Sohnes erkennbar werden, damit dein Sohn deine Herrlichkeit sichtbar
macht. 2Du hast ihm Macht über die Menschen gegeben, damit er allen
ewiges Leben schenkt, die du ihm anvertraut hast. 3Und das allein ist
ewiges Leben: dich, den einen wahren Gott, zu erkennen, und Jesus
Christus, den du gesandt hast. 4Ich habe hier auf der Erde den Men-
schen gezeigt, wie herrlich du bist. Ich habe deinen Auftrag erfüllt.
5Und nun, Vater, gib mir wieder Anteil an der Herrlichkeit, die ich bei
dir hatte, bevor die Welt erschaffen wurde.

6Ich habe den Menschen gezeigt, wer du bist, und zwar allen, die du
aus der Welt herausgerufen und mir anvertraut hast. Dir gehörten sie
schon immer, und du hast sie mir gegeben. Sie haben sich deine Worte
zu Herzen genommen, 7und jetzt wissen sie, dass alles, was ich habe,
von dir ist. 8Denn was du mir gesagt hast, habe ich ihnen weitergege-
ben. Sie haben deine Botschaft angenommen und erkannt, dass ich von
dir herkomme; sie glauben daran, dass du mich gesandt hast.

9Für sie bitte ich dich jetzt: für die Menschen, die du mir anvertraut
hast und die zu dir gehören; nicht für die ganze Welt. 10Denn alles,
was ich habe, das gehört dir, und was du hast, das gehört auch mir. An
ihnen zeigt sich meine Herrlichkeit. 11Ich verlasse jetzt die Welt und
komme zu dir. Sie aber bleiben zurück. Heiliger Vater, erhalte sie in
der Gemeinschaft mit dir, damit sie eins werden wie wir. 12Solange ich
bei ihnen war, habe ich sie in der Gemeinschaft mit dir erhalten, alle,
die du mir anvertraut hast. Ich habe sie bewahrt, und keiner von ihnen
ist verloren gegangen – außer dem einen, der verloren gehen musste,
damit sich die Voraussage der Heiligen Schrift erfüllte.

13Jetzt komme ich zu dir zurück. Aber dies alles wollte ich noch
sagen, solange ich bei ihnen bin, damit meine Freude auch sie ganz
erfüllt. 14Ich habe ihnen deine Botschaft weitergegeben, und die Welt
hasst sie deswegen, weil sie ebenso wie ich nicht zu ihr gehören. 15Ich
bitte dich nicht, sie aus der Welt zu nehmen, aber schütze sie vor der
Macht des Bösen! 16Sie gehören ebenso wenig zur Welt wie ich. 17Lass

ihnen deine Wahrheit leuchten, damit sie in immer engerer Gemein-
schaft mit dir leben! Dein Wort ist die Wahrheit! [18]Wie du mich in die
Welt gesandt hast, so sende ich sie in die Welt. [19]Für sie gebe ich mein
Leben hin, damit ihr Leben ganz dir gehört.

[20]Ich bitte aber nicht nur für sie, sondern für alle, die durch ihre
Worte von mir hören werden und an mich glauben. [21]Sie alle sollen eins
sein, genauso wie du, Vater, mit mir eins bist. So wie du in mir bist und
ich in dir bin, sollen auch sie in uns fest miteinander verbunden sein.
Dann wird die Welt glauben, dass du mich gesandt hast. [22]Deshalb habe
ich ihnen auch die Herrlichkeit gegeben, die du mir anvertraut hast,
damit sie die gleiche enge Gemeinschaft haben wie wir. [23]Ich bleibe in
ihnen, und du bleibst in mir. Genau so sollen auch sie ganz eins sein.
Und die Welt wird erkennen, dass du mich gesandt hast und dass du
meine Jünger liebst, wie du mich liebst.

[24]Vater, ich möchte, dass alle, die du mir gegeben hast, bei mir
bleiben. Sie sollen an meiner Herrlichkeit teilhaben. Du hast mir die
Herrlichkeit gegeben; denn du hast mich geliebt, längst bevor die Welt
geschaffen wurde. [25]Guter und treuer Vater! Wenn die Welt dich auch
nicht kennt, ich kenne dich, und diese hier haben erkannt, dass du
mich gesandt hast. [26]Ich habe ihnen gezeigt, wer du bist. Das werde ich
auch weiter tun, damit deine Liebe zu mir auch sie erfüllt, ja, damit ich
selbst in ihnen lebe.«

## Jesus stellt sich seinen Gegnern

**18** Nach diesem Gebet überquerte Jesus mit seinen Jüngern den
Bach Kidron. Auf der anderen Seite lag ein Garten. Dorthin ging
Jesus mit seinen Jüngern. [2]Judas, der Verräter, kannte diese Stelle,
denn Jesus hatte sich oft mit seinen Jüngern dort aufgehalten. [3]Nun
erschien Judas mit einem Trupp römischer Soldaten und Männern, die
ihm die Hohenpriester und Pharisäer mitgegeben hatten. Sie trugen
Fackeln und Lampen und waren bewaffnet.

[4]Jesus wusste, was jetzt geschehen würde. Er ging ihnen entgegen
und fragte: »Wen sucht ihr?« [5]»Jesus von Nazareth«, war die Antwort.
»Ich bin es!«, erklärte Jesus. Judas, sein Verräter, stand mitten unter

den Soldaten. 6Als Jesus klar und offen sagte: »Ich bin es«, wichen die
Bewaffneten erschrocken zurück und fielen zu Boden. 7Jesus fragte
noch einmal: »Wen sucht ihr denn?« »Jesus von Nazareth!«, antworteten
sie wieder. 8»Ich habe euch doch schon gesagt, dass ich es bin«, entgeg-
nete Jesus. »Wenn ihr also nur mich sucht, dann lasst die anderen hier
gehen!« 9Damit sollte sich erfüllen, was Jesus früher gesagt hatte: »Ich
habe keinen von denen verloren, die du mir anvertraut hast.«

10Simon Petrus hatte ein Schwert dabei. Plötzlich zog er es und
schlug damit Malchus, einem Diener des Hohenpriesters, das rechte
Ohr ab. 11Aber Jesus befahl Petrus: »Steck dein Schwert weg! Soll ich
denn dem Leiden aus dem Weg gehen, das ich nach dem Willen meines
Vaters auf mich nehmen muss?«

12Der römische Offizier befahl seinen Soldaten und den Dienern des
Hohenpriesters, Jesus festzunehmen und zu fesseln. 13Dann brachten
sie ihn zu Hannas, dem Schwiegervater von Kaiphas, der in diesem Jahr
Hoherpriester war. 14Kaiphas hatte früher den führenden Männern der
Juden geraten: »Es ist für uns alle besser, wenn dieser eine Mann für
das ganze Volk stirbt!«

## Petrus behauptet, Jesus nicht zu kennen

15Simon Petrus und ein anderer Jünger folgten Jesus, als er abgeführt
wurde. Weil dieser andere Jünger mit dem Hohenpriester bekannt war,
ließ man ihn bis in den Innenhof des Palastes gehen. 16Petrus blieb
draußen vor dem Tor. Da kam der andere Jünger wieder zurück, redete
mit der Pförtnerin und verschaffte Petrus Zutritt. 17Schon die Pförtnerin
fragte Petrus: »Gehörst du nicht auch zu den Jüngern dieses Mannes?«
»Nein, ich nicht!«, antwortete er. 18Die Wachmannschaft und die Die-
ner des Hohenpriesters hatten ein Kohlenfeuer angezündet. Sie stan-
den um das Feuer herum und wärmten sich, denn es war kalt. Petrus
ging zu ihnen, um sich auch zu wärmen.

## Das Verhör vor dem Hohenpriester

[19]Drinnen im Palast begann das Verhör. Der Hohepriester Hannas fragte
Jesus nach seinen Jüngern und nach seiner Lehre. [20]Jesus antwortete:
»Was ich gelehrt habe, ist überall bekannt. Denn ich habe in aller Öf-
fentlichkeit gepredigt, in den Synagogen und im Tempel, wo es jeder
hören konnte. Niemals habe ich im Geheimen etwas anderes gelehrt.
[21]Weshalb fragst du mich also? Frag doch alle, die mich gehört haben!
Sie wissen, was ich gesagt habe.«

[22]Da schlug ihm einer von den Wächtern, die neben ihm standen,
ins Gesicht und rief: »Redet man so mit dem Hohenpriester?« [23]Jesus
antwortete ihm: »Wenn ich etwas Böses gesagt habe, dann weise es mir
nach! Habe ich aber die Wahrheit gesagt, weshalb schlägst du mich?«
[24]Da ließ Hannas Jesus in Fesseln zum Hohenpriester Kaiphas bringen.

## Petrus verleugnet Jesus noch einmal

[25]Petrus stand noch immer am Feuer und wärmte sich. Da fragte ihn
jemand: »Bist du nicht auch einer von seinen Jüngern?« »Nein, ich bin
es nicht«, widersprach er. [26]Aber ein Diener des Hohenpriesters, ein
Verwandter des Mannes, dem Petrus das Ohr abgehauen hatte, meinte:
»Ich habe dich doch im Garten bei ihm gesehen!« [27]Wieder stritt Petrus
ab, Jesus zu kennen. Und im selben Augenblick krähte ein Hahn.

## Jesus wird von Pilatus verhört

[28]In den frühen Morgenstunden brachten sie Jesus von Kaiphas zum
Palast des Statthalters. Die Juden selbst betraten dieses Gebäude nicht,
denn sie wollten nicht unrein werden. Dann hätten sie nicht das Pas-
sahmahl essen dürfen.

[29]Deshalb ging Pilatus zu ihnen hinaus und fragte: »Welche Anklage
erhebt ihr gegen diesen Mann? Was hat er getan?« [30]Sie antworteten:
»Wenn er kein Verbrecher wäre, hätten wir ihn nicht zu dir gebracht.«
[31]»Dann nehmt ihn mit, und verurteilt ihn nach eurem Gesetz!«,
entgegnete Pilatus. »Aber wir dürfen doch niemanden hinrichten«,
wandten sie ein. [32]So sollten sich die Worte Jesu erfüllen, mit denen er
vorausgesagt hatte, wie er sterben würde.

33Pilatus kam nun in den Gerichtssaal zurück, ließ Jesus vorführen
und fragte ihn: »Bist du der König der Juden?« 34Jesus entgegnete:
»Fragst du als römischer Statthalter, oder stecken die Juden dahinter?«
35»Bin ich etwa ein Jude?«, fragte Pilatus. »Die führenden Männer
deines eigenen Volkes und die Hohenpriester haben dich hergebracht,
damit ich dich verurteile. Was also hast du getan?«

36Jesus antwortete: »Mein Königreich gehört nicht zu dieser Welt.
Wäre ich ein weltlicher Herrscher, dann hätten meine Leute für mich
gekämpft, damit ich nicht in die Hände der Juden falle. Aber mein Reich
ist von ganz anderer Art.« 37Da fragte ihn Pilatus: »Dann bist du also
doch ein König?« Jesus antwortete: »Ja, du hast Recht. Ich bin ein König.
Und dazu bin ich Mensch geworden und in diese Welt gekommen, um
ihr die Wahrheit zu bezeugen. Wer bereit ist, auf die Wahrheit zu hören,
der hört auf mich.« 38»Wahrheit? Was ist das überhaupt?«, erwiderte
Pilatus.

Dann ging er zu den Juden hinaus und sagte ihnen: »Meiner Mei-
nung nach ist der Mann unschuldig. 39Ich will euch wie üblich auch in
diesem Jahr am Passahfest einen Gefangenen freigeben. Wenn ihr wollt,
lasse ich diesen König der Juden frei.« 40Aber sie schrien laut: »Nein!
Nicht den! Wir wollen Barabbas!« Barabbas aber war ein Verbrecher.

## Das Todesurteil

19 Da befahl Pilatus, Jesus abzuführen und ihn auszupeitschen.
2Die Soldaten flochten eine Krone aus Dornenzweigen und
setzten sie ihm auf den Kopf. Dann hängten sie ihm einen purpurroten
Mantel um, 3stellten sich vor ihn hin und spotteten: »Sei gegrüßt, du
König der Juden!« Und sie schlugen ihm ins Gesicht.

4Pilatus ging erneut zu den Juden hinaus und sagte: »Ich will ihn
euch noch einmal vorführen, damit ihr erkennt, dass er unschuldig
ist!« 5Dann kam Jesus heraus. Er trug die Dornenkrone und den roten
Mantel. Und Pilatus forderte die Menge auf: »Seht ihn euch an, was
für ein Mensch!«

6Aber kaum hatten die Hohenpriester und die Tempeldiener Jesus
erblickt, fingen sie an zu schreien: »Ans Kreuz! Ans Kreuz mit ihm!« Da-

raufhin rief Pilatus: »Dann nehmt ihr ihn doch selbst und kreuzigt ihn! Denn ich bin überzeugt: Er ist unschuldig!« [7]Die Juden entgegneten: »Wir haben ein Gesetz, an das wir uns halten; und nach dem Gesetz muss er sterben, denn er hat sich als Sohn Gottes ausgegeben.«

[8]Als Pilatus das hörte, bekam er noch mehr Angst. [9]Er ging wieder in den Palast zurück und fragte Jesus: »Woher kommst du?« Doch Jesus antwortete nichts. [10]»Redest du nicht mehr mit mir?«, fragte Pilatus. »Hast du vergessen, dass es in meiner Macht steht, dich freizugeben oder dich ans Kreuz nageln zu lassen?« [11]Jetzt antwortete Jesus: »Du hättest keine Macht über mich, wäre sie dir nicht von Gott gegeben. Deswegen haben die Leute größere Schuld auf sich geladen, die mich dir ausgeliefert haben.«

[12]Da versuchte Pilatus noch einmal, Jesus freizulassen. Aber die Juden schrien: »Wenn du den laufen lässt, bist du kein Freund des Kaisers; denn wer sich selbst zum König macht, lehnt sich gegen den Kaiser auf.«

[13]Als Pilatus das hörte, ließ er Jesus hinausführen. Er selbst setzte sich auf den Richterstuhl, an die Stelle, die man »Steinpflaster« nannte, auf Hebräisch: »Gabbata«. [14]Es war um die Mittagszeit, am Tag vor dem Passahfest, an dem alle mit Vorbereitungen beschäftigt waren. Pilatus sagte zu den Juden: »Hier ist euer König!«

[15]»Weg mit ihm!«, brüllten sie. »Ans Kreuz mit ihm!« »Soll ich wirklich euren König kreuzigen lassen?«, fragte Pilatus noch einmal. Die Hohenpriester riefen: »Wir haben keinen König, nur den Kaiser!« [16]Da gab Pilatus nach und befahl, Jesus zu kreuzigen.

## Die Kreuzigung

Die Soldaten packten Jesus und führten ihn aus Jerusalem hinaus. [17]Sein Kreuz musste er selbst tragen, vom Richtplatz bis hin zur »Schädelstätte«. Auf Hebräisch heißt dieser Ort »Golgatha«. [18]Dort schlugen sie ihn ans Kreuz. Rechts und links von ihm wurden zwei andere Männer gekreuzigt.

[19]Pilatus ließ ein Schild an das Kreuz Jesu nageln, auf dem die Worte standen: »Jesus von Nazareth, der König der Juden!« [20]Die Stelle, an der

Jesus gekreuzigt worden war, lag nahe bei der Stadt. Und so lasen viele
Juden diese Inschrift, die in hebräischer, lateinischer und griechischer
Sprache abgefasst war. [21]Da kamen die Hohenpriester zu Pilatus und
verlangten von ihm: »Lass das ändern. Es darf nicht heißen: ›Der König
der Juden‹, sondern: ›Er hat behauptet: Ich bin der König der Juden.‹«
[22]Pilatus aber weigerte sich: »Es bleibt genau so stehen, wie ich es
geschrieben habe!«

[23]Als die Soldaten Jesus gekreuzigt hatten, teilten sie seine Kleider
unter sich auf, so dass jeder der vier Soldaten etwas davon bekam. Das
Untergewand war in einem Stück gewebt, ohne jede Naht. [24]Deshalb
beschlossen sie: »Dieses Untergewand wollen wir nicht aufteilen. Wir
werden darum losen.« Damit sollte sich die Vorhersage der Heiligen
Schrift erfüllen: »Meine Kleider haben sie unter sich aufgeteilt und um
mein Gewand gelost.« Genauso geschah es auch.

[25]Unter dem Kreuz, an dem Jesus hing, standen seine Mutter und
ihre Schwester, außerdem Maria, die Frau von Klopas, und Maria aus
Magdala. [26]Als Jesus nun seine Mutter sah und neben ihr den Jünger,
den er lieb hatte, sagte er zu ihr: »Er soll jetzt dein Sohn sein!« [27]Und zu
dem Jünger sagte er: »Sie ist jetzt deine Mutter.« Da nahm der Jünger
sie zu sich in sein Haus.

## »Es ist vollbracht!«

[28]Jesus wusste, dass nun sein Auftrag erfüllt war. Er sagte: »Ich habe
Durst!« Damit sollte sich die Vorhersage der Heiligen Schrift erfüllen.
[29]In der Nähe stand ein Krug mit Essigwasser. Die Soldaten tauchten
einen Schwamm hinein, steckten ihn auf einen Ysopstängel und hielten
Jesus den Schwamm an den Mund. [30]Als Jesus davon getrunken hatte,
rief er: »Es ist vollbracht!« Dann ließ er den Kopf sinken und starb.

[31]Das alles geschah am Tag vor dem Passahfest. Damit die Toten nicht
an diesem hohen Feiertag am Kreuz hängen blieben, gingen die führen-
den Männer der Juden zu Pilatus und baten ihn, er solle den Gekreu-
zigten die Beine brechen und sie vom Kreuz abnehmen lassen. [32]Pilatus
schickte Soldaten, und sie brachen den beiden mit Jesus gekreuzigten
Verbrechern die Beine. [33]Als sie zu Jesus kamen, stellten sie fest, dass

er bereits tot war. Deshalb brachen sie ihm nicht die Beine. 34Aber einer
der Soldaten stieß ihm eine Lanze in die Seite. Sofort flossen Blut und
Wasser aus der Wunde.

35Dies alles bezeugt ein Mann, der es mit eigenen Augen gesehen
hat. Sein Bericht ist zuverlässig und wahr; ihm könnt ihr glauben.
36Auch das ist geschehen, damit das Wort der Heiligen Schrift in Er-
füllung geht: »Kein Knochen soll ihm zerbrochen werden.« 37Ebenso
erfüllte sich die andere Voraussage: »Sie werden auf den sehen, den sie
durchbohrt haben.«

## Jesus wird begraben

38Nachdem das alles geschehen war, bat Josef aus Arimathäa um die
Erlaubnis, den toten Jesus vom Kreuz abnehmen zu dürfen. Er glaubte
insgeheim an Jesus, doch hatte er das bisher aus Angst vor den Juden
verschwiegen. Pilatus erlaubte es ihm, und so ging er zum Kreuz und
nahm den Leichnam ab. 39Auch Nikodemus, der Jesus einmal nachts
aufgesucht hatte, kam und brachte etwa dreißig Kilogramm einer Mi-
schung aus Myrrhe und Aloe. 40Mit diesen wohlriechenden Salbölen
wickelten sie den Leichnam Jesu in Leinentücher ein. So war es beim
Begräbnis von Juden üblich.

41In der Nähe der Hinrichtungsstätte lag ein Garten. Dort gab es ein
in den Fels gehauenes, noch nicht benutztes Grab. 42In dieses nahe
gelegene Grab legten sie Jesus, denn sie hatten es eilig, weil bald der
Sabbat begann.

## Jesus lebt

**20** Am ersten Tag nach dem Sabbat, noch vor Sonnenaufgang, ging
Maria aus Magdala zum Grab. Da sah sie, dass der Stein nicht
mehr vor dem Eingang des Grabes lag. 2Sofort lief sie zu Simon Petrus
und dem anderen Jünger, den Jesus liebte. Aufgeregt berichtete sie ih-
nen: »Sie haben den Herrn aus dem Grab geholt, und wir wissen nicht,
wohin sie ihn gebracht haben!«

3Da beeilten sich Petrus und der andere Jünger, um möglichst schnell
zum Grab zu kommen. 4Gemeinsam liefen sie los, aber der andere war

schneller als Petrus und kam zuerst am Grab an. [5]Ohne hineinzugehen, schaute er in die Grabkammer und sah die Leinentücher dort liegen. [6]Dann kam auch Simon Petrus. Er ging in das Grab hinein und sah ebenfalls die Leinentücher [7]zusammen mit dem Tuch, das den Kopf Jesu bedeckt hatte. Es lag nicht zwischen den Leinentüchern, sondern zusammengefaltet an der Seite. [8]Jetzt ging auch der andere Jünger, der zuerst angekommen war, in die Grabkammer. Er sah sich darin um, und nun glaubte er, dass Jesus von den Toten auferstanden war. [9]Denn bis zu diesem Zeitpunkt hatten sie die Heilige Schrift noch nicht verstanden, in der es heißt, dass Jesus von den Toten auferstehen wird. [10]Die Jünger gingen nach Hause zurück.

## Jesus begegnet Maria aus Magdala

[11]Inzwischen war auch Maria zum Grab zurückgekehrt und blieb voll Trauer davor stehen. Weinend schaute sie in die Kammer [12]und sah plötzlich zwei weiß gekleidete Engel an der Stelle sitzen, wo Jesus gelegen hatte; einen am Kopfende, den anderen am Fußende. [13]»Warum weinst du?«, fragten die Engel. »Sie haben meinen Herrn weggenommen, und ich weiß nicht, wo sie ihn hingebracht haben«, antwortete Maria aus Magdala.

[14]Als Maria sich umblickte, sah sie Jesus vor sich stehen. Aber sie erkannte ihn nicht. [15]Er fragte sie: »Warum weinst du, und wen suchst du?« Maria hielt Jesus für den Gärtner und fragte deshalb: »Hast du ihn weggenommen? Dann sag mir doch, wohin du ihn gebracht hast. Ich will ihn holen.«

[16]»Maria!«, sagte Jesus nun. Sie wandte sich ihm zu und rief: »Rabbuni!« Das ist Hebräisch und heißt: »Mein Meister.« [17]Jesus sagte: »Halte mich nicht fest! Denn ich bin noch nicht zu meinem Vater zurückgekehrt. Geh aber zu meinen Brüdern und sag ihnen: Ich gehe zurück zu meinem Vater und zu eurem Vater, zu meinem Gott und zu eurem Gott!« [18]Maria aus Magdala lief nun zu den Jüngern und berichtete ihnen: »Ich habe den Herrn gesehen!« Und sie erzählte alles, was ihr Jesus gesagt hatte.

## Der Auferstandene erscheint seinen Jüngern

19 An diesem Sonntagabend hatten sich alle Jünger versammelt. Aus
Angst vor den Juden ließen sie die Türen fest verschlossen. Plötzlich
war Jesus bei ihnen. Er trat in ihre Mitte und grüßte sie: »Friede sei mit
euch!« 20 Dann zeigte er ihnen die Wunden in seinen Händen und an
seiner Seite. Als die Jünger ihren Herrn sahen, freuten sie sich sehr.

21 Und Jesus sagte noch einmal: »Friede sei mit euch! Wie mich der
Vater gesandt hat, so sende ich euch!« 22 Dann hauchte er sie an und
sprach: »Empfangt den Heiligen Geist! 23 Wem ihr die Sünde erlasst,
dem ist sie erlassen. Und wem ihr die Schuld nicht vergebt, der bleibt
schuldig.«

24 Thomas, einer der zwölf Jünger, der auch Zwilling genannt wurde,
war nicht dabei. 25 Deshalb erzählten die Jünger ihm später: »Wir haben
den Herrn gesehen!« Doch Thomas zweifelte: »Das glaube ich nicht!
Ich glaube es erst, wenn ich seine durchbohrten Hände gesehen habe.
Mit meinen Fingern will ich sie fühlen, und meine Hand will ich in die
Wunde an seiner Seite legen.«

26 Acht Tage später hatten sich die Jünger wieder versammelt. Dies-
mal war Thomas bei ihnen. Und obwohl sie die Türen wieder abge-
schlossen hatten, stand Jesus auf einmal in ihrer Mitte und grüßte sie:
»Friede sei mit euch!« 27 Dann wandte er sich an Thomas: »Leg deinen
Finger auf meine durchbohrten Hände! Gib mir deine Hand und leg sie
in die Wunde an meiner Seite! Zweifle nicht länger, sondern glaube!«
28 Thomas antwortete: »Mein Herr und mein Gott!« 29 Jesus sagte zu
ihm: »Du glaubst, weil du mich gesehen hast. Wie glücklich können erst
die sein, die mich nicht sehen und trotzdem glauben!«

## Der Zweck dieses Buches

30 Die Jünger erlebten noch viele andere Wunder Jesu, die nicht in die-
sem Buch geschildert werden. 31 Aber die hier aufgezeichneten Berichte
wurden geschrieben, damit ihr glaubt, dass Jesus der versprochene
Retter und der Sohn Gottes ist. Wenn ihr ihm vertraut, habt ihr durch
ihn das ewige Leben.

## Jesus begegnet den Jüngern am See von Tiberias

**21** Später erschien Jesus seinen Jüngern noch einmal am See von Tiberias. Das geschah so: 2Simon Petrus, Thomas, der Zwilling genannt wurde, Nathanael aus Kana in Galiläa, die beiden Söhne des Zebedäus und zwei andere Jünger waren dort zusammen. 3Simon Petrus sagte: »Ich gehe jetzt fischen!« »Wir kommen mit«, meinten die anderen. Sie stiegen ins Boot und fuhren hinaus auf den See. Aber während der ganzen Nacht fingen sie keinen einzigen Fisch.

4Im Morgengrauen stand Jesus am Ufer. Doch die Jünger erkannten ihn nicht. 5Jesus rief ihnen zu: »Kinder, habt ihr ein paar Fische zu essen?« »Nein«, antworteten sie. 6Da forderte er sie auf: »Werft das Netz auf der rechten Seite des Bootes aus, dann werdet ihr einen guten Fang machen!« Sie folgten seinem Rat und fingen so viele Fische, dass sie das Netz nicht mehr einholen konnten.

7Jetzt sagte der Jünger, den Jesus liebte, zu Petrus: »Das ist der Herr!« Kaum hatte Simon Petrus das gehört, zog er sein Obergewand an, das er während der Arbeit abgelegt hatte, sprang ins Wasser und schwamm an das Ufer. 8Die anderen Jünger waren noch etwa hundert Meter vom Ufer entfernt. Sie folgten Petrus mit dem Boot und zogen das gefüllte Netz hinter sich her. 9Als sie aus dem Boot stiegen, sahen sie ein Kohlenfeuer, auf dem Fische brieten. Auch Brot lag bereit.

10Jesus bat die Jünger: »Bringt ein paar von den Fischen her, die ihr gerade gefangen habt!« 11Simon Petrus ging zum Boot und zog das Netz an Land. Es war gefüllt mit hundertdreiundfünfzig großen Fischen. Und obwohl es so viele waren, zerriss das Netz nicht.

12»Kommt her und esst!«, sagte Jesus. Keiner von den Jüngern wagte zu fragen: »Wer bist du?« Aber sie alle wussten: Es ist der Herr. 13Jesus ging auf sie zu, nahm das Brot und verteilte es an sie, ebenso die Fische.

14Dies war das dritte Mal, dass Jesus sich seinen Jüngern zeigte, nachdem er von den Toten auferstanden war.

## »Liebst du mich?«

15 Nach dem Essen fragte Jesus Simon Petrus: »Simon, Sohn des Johan-
nes, liebst du mich mehr als die anderen hier?« »Ja, Herr«, antwortete
ihm Petrus, »du weißt, dass ich dich lieb habe.« »Dann hüte meine
Lämmer«, sagte Jesus.

16 Jesus wiederholte seine Frage: »Simon, Sohn des Johannes, liebst
du mich?« »Ja, Herr, du weißt doch, dass ich dich liebe«, antwortete
Petrus noch einmal. Erneut sagte Jesus: »Dann hüte meine Schafe!«
17 Und zum dritten Mal fragte Jesus: »Simon, Sohn des Johannes, hast
du mich wirklich lieb?« Jetzt wurde Petrus traurig, weil Jesus ihm nun
zum dritten Mal diese Frage stellte. Deshalb antwortete er: »Herr, du
weißt alles. Du weißt doch auch, wie sehr ich dich liebe!« Darauf sagte
Jesus: »Dann hüte meine Schafe!

18 Ich sage dir die Wahrheit: Als du jung warst, hast du dir selbst den
Gürtel umgebunden und bist gegangen, wohin du wolltest. Im Alter
aber wirst du deine Hände ausstrecken; ein anderer wird dir den Gürtel
darumbinden und dich dorthin führen, wo du nicht hingehen willst.«
19 Damit deutete Jesus an, durch welchen Tod Petrus einmal Gott ehren
würde. Dann forderte Jesus ihn auf: »Folge mir nach!«

20 Petrus wandte sich um und sah hinter sich den Jünger, den Jesus
liebte. Es war derselbe, der beim letzten Abendessen seinen Platz ganz
nah bei Jesus gehabt und ihn gefragt hatte: »Herr, wer von uns wird
dich verraten?«
21 Petrus fragte nun: »Herr, was wird denn aus ihm?«
22 Jesus erwiderte: »Wenn ich will, dass er so lange lebt, bis ich wieder-
komme, was geht es dich an? Folge du mir nach!«

23 So entstand unter denen, die sich zu Jesus bekannten, das Gerücht:
»Dieser Jünger wird nicht sterben.« Aber das hatte Jesus nicht gesagt,
sondern: »Wenn ich will, dass er so lange lebt, bis ich wiederkomme,
was geht es dich an?«

24 Eben dieser Jünger ist es, der all das bezeugt und hier aufgeschrie-
ben hat. Und wir wissen, dass alles, was er bezeugt, wahr ist.

## Schlusswort

25Noch vieles mehr hat Jesus getan. Aber wollte man das alles eins nach dem anderen aufschreiben – mir scheint, es wäre wohl auf der ganzen Welt nicht genügend Platz für die vielen Bücher, die dann noch geschrieben werden müssten.

# Wer war Johannes?

Jochanan, wie man Johannes auf Hebräisch anredete, bedeutet „Gott ist gnädig“. Er stand mit Jesus in einer ganz speziellen Beziehung. Er war Jesus sehr nahe.

Er wird Wasser geliebt haben. Fischerboote waren sein Spielplatz. Er wuchs am See Genezareth auf, wahrscheinlich im Großdorf Kapernaum, im Norden. Sein Vater Zebedäus war wohlhabender Fischereiunternehmer, er hatte mehrere Tagelöhner beschäftigt. Der See liegt über 200 Meter unter dem Meeresspiegel und war besonders reich an Fischen. Aber durch diese tief eingeschnittene Lage kommt es oft zu Fallwinden und Stürmen. Wellen werden besonders hoch, weil es kaum Strände gibt, an denen sie sich ausrollen könnten. Das Fischereigewerbe war also in dieser Gegend mit Gefahren verbunden. Zusammen mit seinem älteren Bruder Jakobus arbeitete er bei seinem Vater. Schon früh in seiner Kindheit wird er mit auf den Fischerfahrten gewesen sein. Von klein auf ist er in das Fischereihandwerk hineingewachsen.

Johannes wird irgendwo entlang des Jordans auf den Bußprediger gleichen Namens gestoßen sein und wurde einer der Jünger des Täufers. Johannes wurde angezogen von der neuen Bewegung, die sich mit den alten religiösen Formen nicht mehr zufrieden gab. Später sandte der Prediger in der Wüste ihn zu Jesus weiter. Er wurde zusammen mit Andreas, dem Bruder von Simon Petrus, einer der ersten Jünger Jesu (Johannes 1,35-51).

Wenn wir die Berichte über Jesus im Neuen Testament lesen, stoßen wir immer wieder auf das Trio Petrus, Johannes und Jakobus. Bei außergewöhnlichen Ereignissen waren diese drei immer dabei. Obwohl Johannes der jüngste unter den Aposteln gewesen ist. Dafür war sein Bruder Jakobus der älteste. Jesus nannte Johannes und Jakobus „Donnersöhne“. Das lag wohl an einem gewissen Hang zum Übereifer.

Er saß mit im Boot, als hohe Wellen in einem gewaltigen Sturm Jesus und die Jünger zu verschlingen drohten. Sicher hatte er Ähnliches schon mit den Fischerbooten seines Vaters erlebt und wusste, was da zu tun war. Er erinnerte sich wahrscheinlich an so manche hektische

Aktion, aus der sie sich nur mit letzter Kraft hatten retten können. Diesmal war Jesus mit an Bord. Aber Jesus schlief. Als ihn die Jünger in ihrer Todesangst weckten, wunderte er sich über ihre Angst und beendete mühelos den Sturm. Johannes und die anderen waren wie vom Donner gerührt (Markus 4,35-41).

Johannes war dabei, als Jesus die Tochter des Jairus vom Tod auferweckte. Der Synagogenvorsteher hatte nach Jesus gerufen: „Komm, meine Tochter liegt im Sterben. Leg ihr die Hände auf, damit sie wieder gesund wird!" Jesus wurde aber von anderen Kranken aufgehalten. Die Tochter war inzwischen gestorben. Jairus verlor die Hoffnung: „Es hat keinen Zweck mehr, den Meister zu holen." Jesus beruhigte ihn: „Verzweifle nicht! Verlass dich ganz und gar auf mich!" Er wies die Menschenmenge zurück, die ihm folgen wollte, und nahm nur Petrus, Jakobus und Johannes mit ins Haus. Die Menschen, die das beobachteten, lachten und spotteten. Jesus schickte sie alle weg. Im Haus fasste er das zwölfjährige Mädchen bei der Hand und sagte: „Steh auf, mein Kind!" Und tatsächlich. Das Kind stand auf und lief umher. Die Eltern waren fassungslos. Johannes wird es sicher nicht anders ergangen sein (Markus 5,21-43).

Ein anderes Mal machte Jesus mit Johannes, seinem Bruder Jakobus und Petrus eine kleine Bergtour. Auf dem Gipfel waren sie ganz allein. Auf einmal veränderte sich Jesus vor den Augen seiner drei Begleiter. Sein Gesicht leuchtete wie die Sonne und seine Kleider strahlten hell. Plötzlich erschienen Mose und der Prophet Elia. Sie redeten mit Jesus. Petrus fand dieses Ereignis so umwerfend, dass er es irgendwie festhalten wollte. „Herr, lass uns hier drei Häuser bauen!" Heute würde man sicher von Kirchen sprechen. Aber während er noch redete, wurden alle von einer leuchtenden Wolke eingehüllt und aus dieser Wolke hörten sie: „Das ist mein geliebter Sohn, an dem ich mein Wohlgefallen habe. Ihm sollt ihr gehorchen." Bei diesen Worten fielen die drei Jünger erschrocken zu Boden. Jedes dieser Erlebnisse prägte das Leben von Johannes – er kam immer stärker mit der Kraft Gottes in Berührung.

Jesus wurde verurteilt. Das Volk schrie: „Kreuzigt ihn! Kreuzigt ihn!"

Unter dem Kreuz, an dem Jesus hing, standen auch die Mutter und ihre Schwester, außerdem Maria, die Frau von Kleopas, und Maria Magdalena. Als Jesus nun seine Mutter sah und neben ihr den Jünger, den er lieb hatte, Johannes, sagte er zu ihr: „Er soll jetzt dein Sohn sein!" Und zu Johannes sagte er: „Sie ist jetzt deine Mutter." Da nahm der Jünger sie zu sich in sein Haus. Jesus wusste, dass nun sein Auftrag erfüllt war (Johannes 19,25-28).

Jesus starb am Kreuz. Zuvor rief er aus: „Es ist vollbracht!" In seinem Evangelium unterstreicht Johannes: Ich bezeuge das als einer, der alles selbst miterlebt hat. All das ist geschehen in Erfüllung der Prophezeiungen, wie sie in der Heiligen Schrift aufgezeichnet sind (nach Joh 19,35-36).

Am ersten Tag nach dem Sabbat, früh am Morgen, als es noch dunkel war, ging Maria Magdalena zum Grab. Als sie sah, dass der Stein nicht mehr vor dem Eingang des Grabes lag, lief sie zu Simon Petrus und dem Jünger, den Jesus liebte. Da beeilten sich Petrus und Johannes, um möglichst schnell zum Grab zu kommen. Gemeinsam liefen sie los, aber Johannes war schneller als Petrus und kam zuerst am Grab an. Ohne hineinzugehen, sah er in die Grabkammer und bemerkte die Leinentücher, die dort lagen. Dann kam auch Simon Petrus. Er ging in das Grab hinein und sah ebenfalls die Leinentücher zusammen mit dem Tuch, das den Kopf Jesu bedeckt hatte. Es lag nicht zwischen den Leinentüchern, sondern zusammengefaltet an der Seite. Dann ging auch Johannes, der zuerst angekommen war, in die Grabkammer. Er sah sich darin um, und nun glaubte er, dass Jesus vom Tod auferstanden war. Denn bis zu diesem Zeitpunkt hatten sie die Stelle in der Heiligen Schrift noch nicht verstanden, in der es heißt, dass Jesus von den Toten auferstehen wird (Johannes 20,1-9).

Jesus hat sich Johannes und den anderen Jüngern auch nach seinem Leiden und Sterben gezeigt und damit bewiesen, dass er tatsächlich auferstanden ist. Vierzig Tage lang sahen sie ihn, und er sprach mit ihnen über Geheimnisse, die das Reich Gottes betreffen.

Wahrscheinlich ist Johannes nach dem jüdisch-römischen Krieg unter Titus Flavius etwa im Jahre 70 nach Kleinasien aufgebrochen. Damals erfüllte sich die Prophezeiung der Zerstörung des Tempels in Jerusalem. Im August dieses Jahres wurde dieses prächtige Bauwerk von den Römern bis auf die Grundmauern zerstört.

Johannes lebte später in Ephesus, in der Hauptstadt der Provinz.

Der Kaiser Domitian war ein grausamer Christenverfolger. Überlieferungen zufolge wurde Johannes – schon hochbetagt – im Jahr 95 gefangen genommen, weil er nicht auf dem Altar der Artemis in Ephesus opfern wollte. Danach wurde er nach Rom gebracht und schrecklicher Folter ausgesetzt; unter anderem soll er an der Porta latina in einen Kessel mit siedendem Öl geworfen worden sein. Als er die schreckliche Folter wie durch ein Wunder überlebte, ließ ihn der angsterfüllte Kaiser auf die Insel Patmos verbannen.

Nach dem Tod des Kaisers Domitian konnte Johannes wieder nach Ephesus zurück. Man geht davon aus, dass damals das vierte Evangelium und die drei Briefe geschrieben wurden. Ob Johannes die Texte selber geschrieben hat, oder seine Schüler die Inhalte nach seinen mündlichen Predigten zusammengefasst und niedergeschrieben haben, ist nicht genau festzustellen.

Die altkirchliche Tradition nennt als Verfasser des vierten Evangeliums fast ausnahmslos den Apostel Johannes. Diese Überlieferung geht im Wesentlichen auf Irenäus von Lyon (um 202 n. Chr.) zurück, der als junger Mann noch Polykarp von Smyrna (um 155 n. Chr.) kennen gelernt hatte, der seinerseits ein Schüler des Apostels Johannes gewesen war.

Verschiedene Legenden erzählen vom Wirken des Johannes in Kleinasien. In jeder Überlieferung wird wohl ein Funke Wahrheit sein. Eine dieser Geschichten erzählt von Johannes, der sich stets weigerte, der Artemis zu opfern. Aristodemus, der Oberpriester des Tempels, der zu den sieben Weltwundern zählt, bedrohte Johannes, doch zu opfern, andernfalls müsse er das Gift trinken, an dem zwei Verbrecher vor seinen Augen eben gestorben waren. Der Priester musste etwas gegen die Unruhen unter den Silberschmieden unternehmen – die Rückgänge des Verkaufs ihrer Diana-Amulette waren bereits existenzbedrohend. Johannes soll den Kelch gesegnet haben. Das Gift entwich daraufhin in Form einer Schlange. Er trank, ohne zu sterben. Danach warf er seinen Mantel auf die Verbrecher, die dadurch wieder zum Leben erwachten. Von diesem Ereignis überwältigt, bekehrte sich sogar der Artemispriester Aristodemus.

Nach seiner letzten Predigt unter dem Motto „Kinder, liebt einander“ soll Johannes vor aller Augen in das neben dem Altar vorbereitete Grab gestiegen sein. Noch aus dem Grab segnete er seine Diakone. Johannes starb um das Jahr 100 in sehr hohem Alter. Er ist der einzige der zwölf Apostel, der eines natürlichen Todes starb.

# Gottes Liebesbrief an ... Dich!

Mag sein, dass Du mich nicht kennst.
Aber ich weiß alles von Dir. Ps 139,1
Ich weiß, wann Du Dich hinsetzt
und wann Du aufstehst. Ps 139,2
Ich bin vertraut mit all Deinen Aktivitäten. Ps 139,3
Ich kenne sogar
die Zahl der Haare auf Deinem Kopf. Mt 10,29-31
Denn Du bist
nach meiner Vorstellung gestaltet. 1Mo 1,27

Durch mich lebst Du,
durch mich bist Du aktiv,
durch mich existierst Du. Apg 17,26
Denn Du stammst von mir. Apg 17,28
Ich kannte Dich schon,
bevor Du im Bauch Deiner Mutter warst. Jer 1,5
Ich habe Dich von Anfang an
zu meinem Erben bestimmt. Eph 1,11-12
Du bist kein Zufallsprodukt,
denn Dein ganzes Leben
ist in meinem Buch festgehalten. Ps 139,15-16

Ich habe
die genaue Zeit Deiner Geburt festgelegt
und bestimmt, wo Du leben sollst. Apg 17,26
Du bist ganz wundervoll gemacht. Ps 139,14
Ich habe Dich
im Bauch Deiner Mutter gestaltet. Ps 139,13
Und ich habe Dich am Tag Deiner Geburt
aus Deiner Mutter herausgezogen. Ps 71,6
Ich wurde falsch dargestellt
von denen, die mich nicht kennen. Joh 8,41-44

Ich bin nicht fern oder zornig,
sondern ich bin die vollkommene Liebe. 1Joh 4,16
Und ich will Dich
mit meiner Liebe ganz umgeben,
weil Du mein Kind bist. 1Joh 3,1
Und ich bin Dein Vater. 1Joh 3,1
Ich kann Dir mehr bieten
als Dein leiblicher Vater. Mt 7,11
Denn ich bin der vollkommene Vater. Mt 5,48

Alles Gute,
das Dir widerfährt,
kommt von mir. Jak 1,17
Denn ich bin der,
der Dich versorgt,
und ich gebe Dir alles,
was Du brauchst. Mt 6,31-33
Mein Plan für Deine Zukunft
weckt in Dir Hoffnung. Jer 29,11
Denn ich liebe Dich
für immer und ewig. Jer 31,3
Meine Gedanken über Dich
sind zahlreich
wie die Sandkörner am Strand. Ps 139,17-18

Ich freue mich über Dich,
ich singe und juble,
weil es Dich gibt. Zef 3,17
Ich werde nie damit aufhören,
Dir Gutes zu tun. Jer 32,40
Denn Du bist mein Eigentum. 2Mo 19,5
Ich sehne mich von ganzem Herzen
und von ganzer Seele danach,
Dir Gutes zu tun. Jer 32,41

Und ich werde Dir
großartige,
geheimnisvolle Dinge zeigen. Jer 33,3

Wenn Du mich
von ganzem Herzen suchst,
wirst Du mich finden. 5Mo 4,29
Freue Dich überschwänglich an mir,
und ich werde Dir
Deine Herzenswünsche erfüllen. Ps 37,4
Denn ich war es,
der diese Wünsche in Dir geweckt hat. Phil 2,13
Ich kann sehr viel mehr für Dich tun,
als Du Dir vorstellen kannst. Eph 3,20
Denn ich
kann Dich wirklich trösten 2Thess 2,16-17
Ich bin auch der Vater,
der Dich
bei all Deinen Schwierigkeiten ermutigt. 2Kor 1,3-4
Selbst wenn Du
am Boden zerstört bist,
bin ich Dir ganz nahe. Ps 34,18

Wie ein Hirte ein Lamm trägt,
so trage ich Dich
nahe an meinem Herzen. Jes 40,11
Eines Tages werde ich
alle Deine Tränen
für immer wegwischen. Offb 21,3-4
Und ich werde
all Deinen Schmerz wegnehmen,
an dem Du auf Erden gelitten hast. Offb 21,4

Ich bin Dein Vater,
und ich liebe Dich so,
wie ich meinen Sohn Jesus liebe. Joh 17,23
Denn in Jesus
habe ich meine Liebe zu Dir offen gezeigt Joh 17,26
Er ist die ganz genaue Darstellung
meiner selbst. Heb 1,3
Jesus ist gekommen,
um Dir klar zu zeigen,
dass ich für Dich bin,
nicht gegen Dich. Röm 8,31
Und um Dir zu sagen,
dass ich Dir
Deine Sünden nicht anrechne. 2Kor 5,18-19
Jesus starb,
damit Du und ich
versöhnt werden konnten. 2Kor 5,18-19
Sein Tod
war der vollkommene Ausdruck
meiner Liebe für Dich. 1Joh 4,10
Ich gab alles auf,
was ich liebte,
damit ich Deine Liebe
gewinnen kann. Röm 8,31-32

Wenn Du
die Gabe meines Sohnes Jesus
empfangen hast,
dann hast Du mich empfangen. 1Joh 2,23
Und nichts
wird Dich jemals wieder
von meiner Liebe trennen. Röm 8,38-39

Komm heim,
und ich werde
das größte Fest geben,
das der Himmel je gesehen hat. Lk 15,7
Ich war immer schon
der Vater,
und ich werde immer
der Vater sein. Eph 3,14-15
Meine Frage ist:
Wirst Du mein Kind sein? Joh 1,12-13
Ich warte auf Dich. Lk 15,11-32

Zusammengestellt von Fred und Barb Kornis

In einer kompletten Ausgabe der Bibel
kannst Du alle Stellen im Zusammenhang nachlesen.

# Mein Bibelvers

Ein Sommer in Norwegen. Mit anderen Jugendlichen aus der Freizeitgruppe sitze ich auf einem Felsen am See und schaue aufs Wasser. Wir haben Bibelverse ausgelost, die uns begleiten sollen, wenn es am nächsten Tag wieder zurückgeht nach Hause.

Auf meinem Kärtchen steht: „Ich bin ganz sicher, dass uns nichts von seiner Liebe trennen kann: weder Tod noch Leben, weder Gegenwärtiges noch Zukünftiges, weder Himmel noch Hölle. Nichts in der ganzen Welt kann uns jemals trennen von der Liebe Gottes, die uns verbürgt ist in Jesus Christus, unserem Herrn“ (Römer 8,38f).

Noch heute, 30 Jahre später, kann ich etwas fühlen von der Herz-Schmerz-Stimmung an diesem lauen Sommerabend. Nichts kann mich trennen …

Trennung steht an von den andern aus der Gruppe, leider auch von ihm, dem langen Blonden. Aber ein Abschied, angefüllt mit begeisternden Erfahrungen auch mit Gott. „Gottes Liebe ist wie die Sonne“ und auch diese Sonne scheint nicht unterzugehen. Das Leben liegt vor mir, verheißungsvoll blinkend wie der See, hell und klar wie der norwegische Abendhimmel.

Viele Jahre später. Ich bin längst verheiratet (natürlich nicht mit dem langen Blonden …) und Mutter von drei heranwachsenden Kindern. Mein Sohn ist etwa so alt wie ich damals am norwegischen See. Mir längst über den Kopf gewachsen. Er will Christ werden und sich taufen lassen. Redet aber – auch darüber – nicht viel. Jedenfalls nicht mit seinen Eltern. Als Taufspruch sucht er sich – für mich völlig überraschend – „meinen“ Vers aus. Als ich ihn da sehe – die langen Beine in etwas zu kurzen weißen Taufhosen – und ihm zuhöre, wie er originell und kritisch versucht, seinen Glauben zur Sprache zu bringen, freue ich mich: Schön, wie die Kraft dieses Verses weiterwirkt von Generation zu Generation.

Meine jugendliche Gewissheit – sie hat sich verändert mit den Jahren, hat Brüche bekommen. Aber sie hat sich bewährt. Da war immer etwas von einer tiefen Geborgenheit in Gottes Liebe.

Auch als für meine Familie der Boden unter den Füßen wegzubrechen schien durch die schwere Krebserkrankung meines Mannes. Warum? Schnelle fromme Antworten gab's nicht. Aber Hoffnung. Und immer wieder dieses leise Wort: Weder Tod noch Leben, nichts in der Welt ...

Heute höre ich es wieder neu. Denn seit einigen Monaten muss ich mit der Diagnose „MS" leben lernen. Typisch für diese Krankheit ist die Unvorhersehbarkeit ihres Verlaufs. Eine Herausforderung für meinen Körper, meine Seele, meinen Glauben. Und eine neue Bewährungsprobe für „meinen Bibelvers".

Andrea Schneider
ist Rundfunk-Pastorin im Bund Evangelisch Freikirchlicher Gemeinden (Baptisten) und war lange Jahre „Wort zum Sonntag"-Sprecherin in der ARD

# Vom Islam zu Christus

Ich bin Sohn eines ägyptisch-muslimischen Vaters und einer deutschen Mutter. Früh spürte ich das Verlangen nach einer liebevollen Beziehung. In unserem Land sind partnerschaftliche Beziehungen ohne verbindliche Ehe nicht möglich, auch materielle Voraussetzungen müssen gesichert sein.

Mit meinen Eltern zog ich dann nach Deutschland. Das war eine Welt voller Möglichkeiten. Ich kam aber auch mit vielen schlechten Dingen in Berührung. Nach einer unglücklichen Liebesaffäre mit einer verheirateten Frau ging es mit mir rapide abwärts. Ich versuchte durch Beten und Fasten, dem Gott meiner Kindheit wieder nahe zu kommen. Trotzdem ging es weiter bergab. Ich verlor die Beziehung zu meinen Eltern, machte Schulden, warf mein Architekturstudium hin und versuchte mehrfach Selbstmord. Ich kam in eine Klinik, und man fragte mich, ob ich mit jemandem reden wollte. Da erinnerte ich mich an einen italienischen Christen, den ich bewunderte, ohne ihn und sein außerordentliches Leben mit Jesus in Verbindung zu bringen. Er war Intensivpfleger in diesem Krankenhaus, und ihm erzählte ich meine Lebensgeschichte. Am nächsten Tag, ich war auf einer geschlossenen Station, fühlte ich mich erstaunlich gut.

Heute weiß ich warum. Dieser Christ (Lucio) hatte nach unserem Gespräch für mich gebetet. Nach weiteren Gesprächen mit Lucio, gemeinsamem Beten und Lesen eines Buches mit Berichten von Christen kam ich Gott und Jesus immer näher. Besonders die Bergpredigt beeindruckte mich sehr und war ausschlaggebend für meine Entscheidung für Jesus. Ich kämpfte innerlich mit mir selbst, denn als Moslem ist es die größte Sünde, sich vom Islam abzuwenden und Christ zu werden.

Nach dem Gebet, wie es die Moslems halten, rief ich Gott an, dass er mir den richtigen Weg zeigen solle. Mit Hilfe der Bibel erkannte ich Jesus und erlebte wunderbare Gebetserhörungen.

Ich habe mich ganz für Ihn entschieden, er hat mir alle Sünden vergeben und mir ewiges Leben geschenkt. Obendrein schenkte er mir meine liebe Frau Sabina, unseren gesunden Sohn Timmy und einen Studienplatz der Psychologie. Täglich erlebe ich, dass ich es mit einem lebendigen Gott zu tun habe, der mich in Liebe erzieht, der die Macht und die Kraft hat, unmögliche Situationen und meinen Charakter zu verändern. Jesus lebt!

Ramy

# Ich brauche einen Parkplatz!!!

Ich würde sagen, ich war ein absolut normales Kind. Zwar sind die Familienverhältnisse, in denen ich groß geworden bin, nicht so ganz normal, sondern etwas ungeordnet; aber das hat man mir nie angemerkt. Jedoch – und das kann ich jetzt im Nachhinein sagen – war meine Seele von Unsicherheit durchzogen. Weil mir ein Vater gefehlt hat und meine Mutter aufgrund eigener Probleme mir nie richtig Sicherheit und Schutz vermitteln konnte, fiel es mir immer schwerer, Menschen überhaupt zu vertrauen. Zu Hause habe ich also nie etwas von Gott oder Jesus gehört.

Als ich dann neun oder zehn Jahre alt war, hat mich eine Freundin auf eine Freizeit mitgenommen, auf der viel von Jesus erzählt wurde, und dort habe ich beschlossen, dass ich Jesus auch kennen lernen will. Den Grund, warum ich das getan habe, weiß ich nicht mehr so genau. Allerdings weiß ich, dass mich die Freundlichkeit unter den Christen dort total angezogen hat und ich das Gefühl hatte, diesen Menschen vertrauen zu können. Seitdem habe ich Jesus nie mehr aus meinem Leben ausgeklammert. Und das war die beste Entscheidung meines Lebens.

Klar durchlebe ich in meinem Leben Höhen und Tiefen wie jeder andere auch. Ich habe auch schon Phasen durchgemacht, in denen Dinge in mein Leben eingestürzt sind, dass ich mir vorkam, als hätte mir jemand den Boden unter meinen Füßen weggezogen, als wäre auf einmal alles, worauf ich gebaut habe, nicht mehr da. Aber ich weiß jetzt ganz sicher, dass meine Identität und mein Wert völlig unabhängig von irgendwelchen Umständen oder Personen sind. Gott liebt mich, so oder so. Und es gibt absolut überhaupt nichts, was ich tun könnte, um seine Liebe zu mir irgendwie zu verringern. Nichts … nada … rien! Allein dieses Wissen setzt so viel Hoffnung in mir frei … Genau diese Liebe gibt mir SICHERHEIT, die kein Mensch und keine Sache geben kann.

Aber weil ich nicht nur in diesen Situationen zu Jesus renne, sondern ich ja mein ganzes Leben mit ihm teilen will, erlebe ich ihn auch in den alltäglichsten Dingen. Manchmal ist es nur das schöne Wetter, durch das mir Jesus den Tag versüßt, oder er hilft aus kleineren brenzligen Situationen, wo ich mich zum Beispiel überschätzt habe und ich eigentlich keine Zeit mehr hätte, um für eine wichtige Klausur zu lernen. Dann fällt auch mal, o Wunder, ein wichtiger Termin aus, und ich hab' wieder Zeit, das Nötigste zu lernen, und brauche mir keine Sorgen zu machen. Oder was ich immer wieder erlebe ist, wenn ich es mal wieder supereilig habe und beim besten Willen keinen Parkplatz finde, dann lass' ich schon mal ein frustriertes „Jesus, ich brauche JETZT einen Parkplatz!!!" Gebet ab … und schon hat ein anderer Autofahrer die spontane Idee, einfach mal weg zu fahren.

Und das ist nicht irgendeine billige Variante, mit seinen Problemen fertig zu werden und auf die Fragen des Lebens eine halbwegs plausible Antwort parat zu haben. In Jesus steckt die Chance, echtes Leben zu bekommen. Jesus hat es bei mir geschafft, meinen tiefen Unfrieden und Unsicherheit wegzunehmen, und ich genieße mein Leben mehr denn je. Ich bin davon überzeugt, dass jeder Mensch tief in sich den Wunsch nach Sicherheit hat und danach, kompromisslos angenommen zu sein. Wer sonst verspricht das noch außer Jesus?

Sandra Havlicek
Abiturientin

# Aus den Schatten der Einsamkeit

Seit 1987 lebe ich im schönen Wittgensteiner Land. Dort habe ich nicht nur ein neues Zuhause gefunden, sondern auch ein komplett neues Leben. Jetzt habe ich eine persönliche Beziehung zu Jesus Christus und seinem Wort, der Bibel.

Wie bin ich, die ich von dem Gedankengut Sartres und Nietzsches durchdrungen war, zu dieser Kehrtwende gekommen? Als Kind wurde ich wiederholt missbraucht. Mit ca. 13 Jahren begann die Magersucht. Als ich mit 16 Jahren zum ersten Mal die „befreiende" Wirkung des Alkohols erlebte, kam diese zum Stillstand. Von nun an versuchte ich, die dunklen Schatten und die innere Einsamkeit meines Lebens wegzutrinken. Erst mit 35 Jahren ging ich in eine Selbsthilfegruppe und lernte, das Trinken zu lassen.

Nach anfänglicher Freude darüber glitt ich aber wieder in diese innere Leere, Traurigkeit und Sinnlosigkeit. Ich versuchte sie durch übermäßige Arbeit zu verdrängen. Langsam brach meine Magersucht auch wieder durch. Um überhaupt noch etwas leisten zu können, schluckte ich Tabletten. Als ich auf 67 Pfund abgemagert war, musste ich künstlich ernährt werden, da ich zu schwach war zu gehen.

Mein Leben war damals die Hölle. Dass ich zum Schluss auch wieder trank, war ein Versuch, mich endgültig umzubringen.

Da lud mich eine Bekannte, die schon lange für mich betete, zu einer Evangelisation ein. Widerwillig ging ich mit … und hörte dort zum ersten Mal von jemandem, der mich liebte, der um dieser Liebe willen die tiefste Einsamkeit, die Trennung von Gott, auf sich genommen hatte. Zum ersten Mal fühlte ich mich verstanden und nicht mehr alleine. Diese Liebe überwältigte mich. An diesem Abend lieferte ich Jesus mich und mein Leben aus.

Das erste Wunder, das ich erleben durfte, war, dass er mir half, die Ess-Brech-Sucht zu besiegen. Die Vision – Jesus für mich am Kreuz

– war so stark und nahe, dass ich nicht mehr kotzen musste. Ich lernte, langsam zu essen und es bei mir zu behalten.

Als mein Mann sich einer anderen Frau zuwendete, habe ich versucht, mich umzubringen. Noch einmal schenkte Gott mir mein Leben. Ich versprach ihm nach meinem Aufwachen, nichts mehr gegen mich zu unternehmen. Dieses Versprechen und seine Hilfe, gerade auch durch die Bibel, haben mich davor bewahrt, noch einmal Hand an mich zu legen oder rückfällig zu werden.

Jesus hat in seinem Wort versprochen: „Ich lebe und ihr sollt auch leben" (Joh 14,19). Daran habe ich mich geklammert, als ich noch kein Licht sehen konnte. Wo mich Menschen immer wieder enttäuscht haben, steht Jesus zu seinem Wort. So sind er und sein Wort, die Bibel, zum tragenden Fundament meines Lebens geworden, die Garantie für ein sinnvolles, lebenswertes, erfülltes Leben. Nun stehe ich an seiner Hand auf meinen eigenen Füßen und habe Freunde und Geschwister. Es gibt Aufgaben, die mir Freude machen.

Ich entdeckte bei mir Gaben, von denen ich in meinem früheren Leben nichts geahnt habe.

Von Christoph Blumhardt las ich ein Wort, das ausdrückt, was ich mit Jesus erlebt habe:

„In die Welt bist du gekommen,
Jesus, als das Licht der Welt.
Wer ins Herz dich aufgenommen,
sich im Glauben an dich hält,
der erfährt's, wie du gewiß
Licht bringst in die Finsternis."

Ulla Möllerbernd
Rentnerin

# 4 BASICs, die Du unbedingt wissen solltest

In der Bibel und in diesem Auszug, in dem Du gerade blätterst, wirst Du Texte finden, die klar und logisch zu begreifen sind, aber auch solche, die Dir ganz merkwürdig oder ›unglaublich‹ erscheinen. Einiges von dem, was Du liest, wirst Du schon kennen, vieles wird aber auch ganz neu für Dich sein.

Vor allem wirst Du feststellen, dass Jesus und seine Beziehung zu verschiedenen Menschen ganz im Mittelpunkt stehen.Wenn Du verstehen willst, welche Botschaft dieses Buch Dir heute konkret sagen will, dann solltest Du wissen, dass es vier grundlegende Dinge – 4 BASICs – gibt, in die wir die Message der Bibel zusammenfassen können:

## Basic 1

Du bist ein genialer Gedanke Gottes.

Die Bibel spricht davon, dass hinter der gesamten Natur ein genialer Schöpfer steht, der alles kreiert hat. Er achtet auf sie und umsorgt sie (Offenbarung 4,11; Apostelgeschichte 14,16-17; 17,24-29; 1. Timotheus 4,4) – insbesondere die Menschen sind ihm sehr wertvoll (Matthäus 12,11-12; 6,26; Lukas 12,23-24). Das heißt: Du bist mehr als nur eine Art ›kompliziertes Tier‹.

Du bist gewollt und Gott hat einen besonderen Plan für dein Leben (Epheser 2,10).

# Basic 2

Deine Beziehung zu Gott wurde massiv gestört und Du alleine hast keine Chance, sie aus eigener Kraft wieder aufzubauen.

Jede gesunde Beziehung baut auf Vertrauen. Doch wir haben Gottes Vertrauen zu uns enttäuscht, als wir uns entschlossen haben, unser Leben ohne ihn zu regeln.

Diese Trennung von Gott, die die Bibel ›Sünde‹ nennt, ist der Grund für das Leid und Unrecht in der ganzen Welt (Römer 3,10-18). Die Welt funktioniert heute nicht mehr im Sinne des Erfinders. Die Menschen haben daher seit Urzeiten versucht, die Nähe zu Gott durch eigene Bemühungen wiederherzustellen (daher kommen die verschiedenen Religionen); dieser Versuch ist aber zum Scheitern verurteilt, weil unsere Schuld trotz allem bestehen bleibt (Matthäus 12,33-34). Ohne Gott ist für uns alles sinn- und ziellos; die letzte Konsequenz aus der Sünde ist der Tod (Römer 6,23).

# Basic 3

Es gibt nur einen Weg zurück: Jesus bezahlt am Kreuz für Deine Fehler.

Hier ist nun endlich die gute Nachricht: Gott war das Schicksal der Menschen nicht egal; er hatte Erbarmen mit ihnen (Römer 9,14-16). Allerdings kann er nicht lügen und die Sünde behandeln, als wäre sie gar nicht da.

Er tat deshalb einen unglaublichen Schritt: Er wurde selbst Mensch (Johannes 1,1-14), so sehr identifizierte er sich mit dem Leid der Menschen (Hebräer 2,17-18) – dieser Mensch gewordene Gott ist Jesus – und bezahlte die Schuld der Menschheit selbst. Als er sich am Kreuz hinrichten ließ, nahm er das ganze Leid und den Tod, der die Konsequenz aus der Sünde ist, auf sich, damit wir mit Gott einen Neuanfang machen können (1. Petrus 2,24; Kolosser 2,13-14).

Das Kreuz war der Höhepunkt der menschlichen Rebellion gegen Gott, es ist aber gleichzeitig der Höhepunkt der Liebe Gottes zu den Menschen (Römer 5,8); Jesus ist der einzige Weg zu Gott zurück (Johannes 14,6) und zum ewigen Leben (Johannes 3,16).

# Basic 4

Jesus will für Dich einen grundlegend neuen Lebensstil. Der Antrieb dafür heißt ›heiliger Geist‹.

Jetzt bist Du dran: Gottes Gnade ist ein reines Geschenk für Dich. Das ist alles; es geht nicht um Religion, gute Taten oder fromme Ideale (Römer 3,23-28).

Wenn Du willst, dass diese Gnade auch für Dich gilt, musst Du sie bloß entgegennehmen – die Bibel nennt das ›Glaube‹. Daran führt kein Weg vorbei (Hebräer 11,6); außerdem ist es notwendig, dass dieser Glaube nicht eine theoretische Überzeugung bleibt, sondern lebendig ist und sich praktisch in Deinem Leben auswirkt (Jakobus 3,20).

Wer auf Gottes Seite wechseln will, kann nicht länger an der Sünde festhalten (Römer 6,1-2); Jesus hat uns deshalb einen ›Beistand‹ geschickt, den heiligen Geist, der uns für den Alltag Gottes Willen zeigen (Johannes 14,26) und die nötige Kraft geben (Apostelgeschichte 1,8) will.

Wer mit Gott leben will, hat es dringend nötig, von diesem Heiligen Geist angetrieben zu werden (Römer 8,9-16).

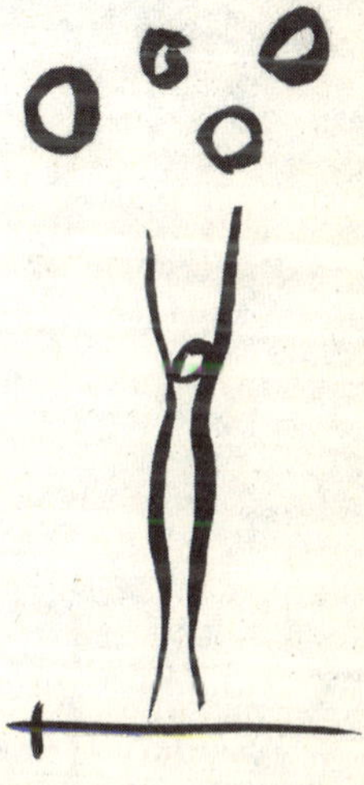

# Wie kannst Du darauf antworten?

Du sollst wissen, dass Gott alles, was Du ihm sagen willst, hört und ernst nimmt.

Wenn Du Dich entscheiden willst, Dein Leben Jesus zu geben, kannst Du z.B. das abgedruckte Gebet sprechen. Wenn Du jemanden kennst, der schon mit Jesus lebt, dann ist es übrigens sehr hilfreich, mit ihm/ihr zusammen zu beten, um diese Entscheidung festzumachen.

Jesus Christus, es tut mir leid, dass ich versucht habe, ohne Dich zu leben.

Ich glaube daran, dass Du als vollkommener Mensch und vollkommener Gott am Kreuz für meine Schuld vollständig bezahlt hast. Bitte nimm jetzt mein altes Leben weg und mache einen neuen Menschen aus mir. Ich will Dir ganz nachfolgen und Dir die Kontrolle über mein Leben geben. Bitte erfülle mich mit Deiner Liebe und leite mich ab heute durch Deinen Geist.

Amen.

# Wie geht es weiter?

Wenn Du Dich entschieden hast, Jesus Dein Leben zu geben, freuen wir uns für Dich! Du hast die beste Entscheidung Deines Lebens getroffen. Diesen Schatz kann Dir niemand nehmen und vor Dir liegt ein wunderbarer Weg. Im Leben eines entschiedenen Jesus-Nachfolgers (das bedeutet ursprünglich ›Christ‹) gibt es fünf Eckpunkte, an denen sich unsere Beziehung zu Gott festmacht. Für jeden von ihnen ist es sehr wichtig, dass sie ein fester, zentraler Bestandteil in unserem Alltag werden und nicht etwa nur in Notsituationen kurz auftreten.

- Sprich regelmäßig mit Gott und erwarte, dass er Dir auf seine besondere Weise auch antworten wird. Die Bibel nennt das ›Gebet‹.
- Lies so viel und so aufmerksam wie Du kannst in der Bibel. Darin erfährst Du was Gott zu uns spricht; außerdem gibt es dort viel Aufregendes zu entdecken!

  Suche verbindlichen Anschluss an eine Gemeinde, eine Kirche bzw. eine christliche Gruppe. Dieser Punkt wird sehr oft unterschätzt! Gott will, dass wir uns im Leben mit Jesus gegenseitig helfen und unterstützen. Suche bewusst nach Christen, die Jesus kennen und für ihn leben wollen.
- Trau Dich, immer wieder von vorne anzufangen. Du wirst Jesus gegenüber immer wieder scheitern und versagen, aber er wird sich jedes Mal hinter Dich stellen, solange Du ehrlich Deine Fehler zugibst. Das nennt die Bibel ›Buße‹.
- Stehe auch anderen gegenüber zu Deinem Glauben. Sei mutig, Jesus zu bekennen. Erstens ist er auch für sie da, auch sie brauchen ihn; zweitens klärt es für Dich selbst immer wieder, wie wichtig Du Deine Beziehung zu Jesus nimmst.

# Organisationen für Studenten

campus für christus

Campus für Christus
Postfach 100262
35332 Gießen
Telefon: 0641-97518-0 Fax: -40
eMail: Info@Campus-D.de
Web: www.campus-d.de

Navigatoren

Navigatoren e.V.
Seufertstr.5
53173 Bonn
Telefon: 0228-361031
Fax: 0228-361033
eMail: info@Navigatoren.de
Web: www.navigatoren.de

SfC Studenten für Christus

SfC Deutschland
Waldmattenstraße 26
79183 Waldkirch
Telefon: 07681-4939643
Telefax: 07681-4939644
eMail: info@sfcd.de
Web: www.sfcd.de

hochschul_smd

SMD e.V.
Universitätsstrasse 30-32
35037 Marburg
Telefon: 06421-9105-0
Fax: 06421-21277
eMail: info@smd.org
Web: www.smd.org

Evangelische StudentInnen-gemeinde in der Bundesrepublik Deutschland
Geschäftsstelle,
Otto-Brenner-Str. 9
30159 Hannover
Telefon: 0511-1215-0
Fax: 0511-1215-299
eMail: esg@bundes-esg.de
Web: www.bundes-esg.de

# Mehr Infos über den Glauben ...

**Der Alpha-Kurs**
Im Alpha Kurs können Sie auch ohne Vorkenntnisse den Grundfragen des christlichen Glaubens auf eine freundliche und entspannte Art auf die Spur kommen. Neben einem Essen und einem anregenden, informativen Referat gibt es viel Raum zum Gespräch. Alpha Kurse finden in den unterschiedlichsten christlichen Gemeinden statt und sind weltweit in über 150 Ländern verbreitet. Kurse in Ihrer Nähe finden Sie bei Alpha Deutschland, Obere Karlstr. 29, 91054 Erlangen
www.alphakurs.de
info@alphakurs.de oder
Tel/Fax: 0700 - 257 425 87
In Österreich,
Riedenburgerstr. 8
5020 Salzburg;
Tel/Fax: 06 62 - 84 08 04;
eMail: info@alphakurs.at
Alphalive-Schweiz, Josefstraße 206, 8005 Zürich; Tel: 044 - 274 84 74; info@alphalive.ch

**TV, Radio und Internet von Christen**
Der ERF als christliches Medienunternehmen steht für die „Guten Nachrichten" in Radio, Fernsehen und Internet. Die Radio- und Fernsehsendungen sind über Satellit analog und digital zu empfangen sowie in zahlreichen Kabelnetzen und im Internet. Über unseren Internetanbieter CINA können wir Ihnen unter anderem folgende Online-Angebote kostenlos zur Verfügung stellen:

Wenn Sie mit Christen in Ihrer Umgebung in Kontakt treten möchten, finden Sie unter www.gemeindeatlas.de fast 8.000 Gemeinden - bestimmt auch eine in Ihrer Nähe.
Warum lässt Gott Leid zu? Wieso gibt es so viele Religionen? Was kommt nach dem Tod? Auf diese und weitere Glaubensfragen finden Sie Antworten bei **www.nikodemus.net** und für Kinder auf **www.joemax.de**. Unter **www.bibleserver.com** finden

Sie über 30 Bibelübersetzungen. Das erste deutsche christliche Fernsehen im Internet finden Sie unter **www.erftv.de**.
In Wetzlar entstehen auch fremdsprachige Programme für den deutschen Sprachraum. Zudem verantwortet der ERF gemeinsam mit seinem internationalen Partner „Trans World Radio“ weltweit Sendungen in über 200 Sprachen. Das **Magazin ANTENNE** erscheint in einer Auflage von über 120.000 Exemplaren. Wir freuen uns, wenn Sie mit uns Kontakt aufnehmen:
**Evangeliums-Rundfunk e. V.**, 35573 Wetzlar, Telefon 01805-161718, Fax: 06441 957-120, E-Mail: info@erf.de, Internet: www.erf.de

Christliches Vollprogramm, das

bibel.TV

Spielfilme, Meditatives und Informationen rund um das Buch der Bücher bringt. Empfang über Kabel und Astra-Digital. www.bibeltv.de
Fordern Sie das kostenlose Monats-Programm an: 040-44 50 66 0

Arche

**„Die Fernsehkanzel“** aus der ARCHE in Hamburg mit Predigten von Pastor Wolfgang Wegert. Lebendig und gut verständlich vermittelt er die Botschaft der Bibel. Gibt Antworten auf wichtigste Lebensfragen. Interviews und Musikbeiträge runden das halbstündige Programm ab. Zuseher können mit Seelsorge-Mitarbeitern ins Gespräch zu kommen. Die gute Nachricht von Jesus verändert Leben. Kraft durchs Evangelium, lautet das Motto der ARCHE.

Die Fernsehkanzel auf:
**rheinmaintv:**
So. 11:30 und 17:30 Uhr, Fr. 17:30 Uhr (über ASTRA digital, über Kabel und Antenne im Rhein-Main-Gebiet)
**„Das Vierte“**:
So. 8:30 Uhr und 9:30 Uhr (über ASTRA 2 C, 19,2° Ost)

Gemeinde & Mission ARCHE
Doerriesweg 7
22525 Hamburg-Stellingen
Tel. 040/54 70 50, Fax. 54 70 5299
e-mail: info@arche-gemeinde.de
www.arche-gemeinde.de

**„CHRISTEN IM BERUF“** veranstalten monatlich in über 100 Städten in freundlichen Hotels spannende Vorträge im Rahmen eines Essens.
Interessante Referenten aus verschiedenen Bereichen berichten über ihren persönlichen Werdegang und wie sie Gott dabei ganz konkret erlebt haben. Der Besuch ist unverbindlich.

**Der Nutzen für Sie:**
Hochwertige Vortragsveranstaltungen. Konkretes Gebet für Ihre Anliegen.
Wo eine Veranstaltung in Ihrer Nähe ist, erfahren Sie hier:
**www.christen-im-beruf.de**
Telefon: 0 991/ 6312
eMail: office@fgbmfi.de

**Frühstücks-treffen für Frauen**

Wenn Sie wollen, können Sie mit christlichen Frauen in Ihrer Nähe in Kontakt kommen.
Erfahrungsaustausch, ein persönliches Gespräch, – Sie brauchen mit Ihren Fragen und Sorgen nicht alleine bleiben...

... und dazu ein herausforderndes Referat zu einem aktuellen Thema, das mit mir persönlich zu tun hat: Das sind Frühstücks-Treffen für Frauen.
Samstags in einem schönen Hotel oder Restaurant veranstaltet, laden Frühstücks-Treffen ein zum Verwöhnen. In Ruhe und Gesellschaft ausgiebig frühstücken oder zu Abend essen, Geist und Seele mit neuen Gedanken konfrontieren, ins Gespräch kommen ...
In immer mehr deutschen Städten von Görlitz bis Köln treffen sich Frauen zum Frühstück und manchmal auch zu Abendveranstaltungen. Musik, Erfahrungsberichte und Referate sind feste Bestandteile jeden Treffens und regen zum Nachdenken und Austausch an.

Welches Frühstüchs-Treffen demnächst in Ihrer Nähe stattfinden, können Sie auf unserer Homepage www.fruehstuecks-treffen.de erfahren oder Sie schicken uns eine Mail unter:
**info@fruehstuecks-treffen.de**

Telefon D: 09867 - 724
A: 07585 - 441
CH: 081 - 2848472

# Die Internationale Bibelgesellschaft

IBS – „International Bible Society" – ist eine der ältesten Bibel- und Missionsgesellschaften der Welt. Sie wurde im Jahr 1809 in New York, USA, gegründet. Damals hatte man sich zum Ziel gesetzt, „die Heilige Schrift, in der Gott den Plan der Erlösung zeigt, vielen Menschen zugänglich zu machen". Im Kriegsjahr 1812 wurden Bibeln Seeleuten weitergegeben. 1831 startete IBS mit der Verteilung in Gefängnissen, Krankenhäusern und Hotels. Von 1892 bis 1954 wurde jedem Einwanderer nach Amerika auf Ellis Island ein N.T. in seiner Muttersprache geschenkt – ca. 40.000 Exemplare in 53 Sprachen pro Jahr. IBS ist seitdem stark gewachsen und heute mit ihren vielen Niederlassungen in verschiedenen Ländern und Kontinenten die zweitgrößte Bibelgesellschaft weltweit. IBS hat bis heute mehr als 350 Mio. Schriften in über 570 verschiedenen Sprachen gedruckt und weitergegeben.

Die Hauptaufgabe von IBS ist es, preisgünstige missionarische Ausgaben von Bibeln, N.T. und Bibelteilen herauszugeben und in möglichst alle Sprachen zu übersetzen. Außerdem werden Sonderausgaben für verschiedene Zielgruppen wie z.B. für Kinder, Teenager, Sportler, Manager, LKW-Fahrer, Gefangene usw. herausgebracht. Eines der wichtigsten Ziele von IBS ist es, den Bibelgrundtext in eine leicht verständliche Alltagssprache zu übersetzen, ohne dass der Inhalt dabei verfälscht wird. Dadurch soll jeder Mensch in der Lage sein, Gottes Wort zu verstehen. Aus diesem Grund hat IBS 1992 die Bibelgesellschaft „Living Bibles International" und damit deren leicht verständlichen Kenneth-Taylor-Text (Das lebendige Buch) übernommen. In Deutschland wurde das N.T. „Das lebendige Buch" mit der Übersetzung „Hoffnung für alle" schon mehr als 1.000.000 Mal weitergegeben.

Das Deutschlandbüro von IBS bietet einzelnen Menschen, Kirchengemeinden und christlichen Organisationen mit guten, leicht verständlichen und preisgünstigen evangelistischen Publikationen Unterstützung, Inhalte ihres Glaubens zeitgemäß zu vermitteln. Jede Woche treffen Briefe von Menschen ein, die durch das Lesen des N.T. persönliche Erfahrungen mit Gott gemacht haben.

Wir informieren Sie gerne über die Palette von Veröffentlichungen, die IBS-Deutschland zur Verfügung stellt.

IBS Deutschland e.V.
73655 Plüderhausen, Hauptstr. 20
Tel. 0 71 81-25 51 49
www.IBSdirekt.de
Besuchen Sie uns
im Internet!